Reinbert Schauer - Helmut K. Anheier - Ernst-Bernd Blümle (Hrsg.)
Nonprofit-Organisationen (NPO) -
dritte Kraft zwischen Markt und Staat?
Ergebnisse einer Bestandsaufnahme über den Stand
der NPO-Forschung im deutschsprachigen Raum

NPO-Forschungs-Colloquium
Universität Fribourg, 29. - 30. 9. 1994

Eine Dokumentation

D1722734

Reinbert SCHAUER - Helmut K. ANHEIER - Ernst-Bernd BLÜMLE

(Herausgeber)

NONPROFIT-ORGANISATIONEN (NPO) - DRITTE KRAFT ZWISCHEN MARKT UND STAAT?

Ergebnisse einer Bestandsaufnahme über den Stand der NPO-Forschung im deutschsprachigen Raum

NPO-Forschungs-Colloquium an der

Universität Fribourg

29. - 30. 9. 1994

Dokumentation

Linz 1995

Die Veröffentlichung erfolgt mit freundlicher
Unterstützung folgender Stellen:

Forschungsinstitut für Verbands- und Genossenschafts-Management
(VMI), Universität Fribourg
Linzer Hochschulfonds
Wissenschaftshilfe der oberösterreichischen Wirtschaft

Institut für Betriebswirtschaftslehre
der gemeinwirtschaftlichen Unternehmen,
Johannes Kepler Universität Linz
A-4040 Linz-Auhof

Herstellung: Trauner Druck, Linz

Kommissionsverlag:
Universitätsverlag Rudolf Trauner, Linz, ISBN 3 85320 716 2

INHALTSVERZEICHNIS

Inhaltsverzeichnis

Vorwort

Nonprofit-Organisationen (NPO) sind einem bedarfswirtschaftlich aus-gerichteten Leistungsprogramm verpflichtet, unterliegen vordergründig keinen Rentabilitätszielen und gewinnen in der heute erkennbaren Tendenz zur dienstleistungsorientierten Gesellschaft zunehmend an Bedeutung. Sie sind in den verschiedensten Wissenschaftsbereichen, so zum Beispiel in den Wirtschaftswissenschaften, den Sozialwissenschaften, den Rechtswissenschaften oder den Politikwissenschaften, in durchaus unterschiedlicher Intensität Gegenstand von theoretischen und empirischen Forschungen. Die Entwicklung dieser Forschungen ist zumindest im deutschsprachigen Bereich durch zwei Merkmale gekennzeichnet.

Zunächst ist zu erwähnen, daß im Gegensatz zur stark interdisziplinär ausgerichteten Forschungsarbeit in den USA und teilweise auch in Großbritannien und Frankreich im deutschsprachigen Raum relativ wenig interdisziplinäre Forschungsaktivitäten erkennbar sind. Der Großteil der Forschungsbemühungen ist innerhalb der einzelnen Wissenschaftsdisziplinen angesiedelt und entspricht den dort üblichen Forschungskonzeptionen. Darunter leidet die interdisziplinäre Kommunikation, es entstehen durchaus nicht vernachlässigbare "Reibungsverluste" auf Grund von Informationsdefiziten. Zum anderen wird die Rolle des Staates im Hinblick auf Nonprofit-Organisationen durchaus unterschiedlich gesehen.

In einer weiteren Auffassung kann zwischen staatlicher und privater Trägerschaft von Nonprofit-Organisationen und somit zwischen dem gedanklichen Konzept der Staatsimpulse und damit der Instrumentalfunktion zur mittelbaren Erfüllung öffentlicher Aufgaben einerseits und der Selbsthilfe zur Erbringung benötigter Leistungen andererseits unterschieden werden. In einer engeren Auffassung wird nur die private Trägerschaft akzeptiert und der Bereich der wirtschaftlichen, sozialen, karitativen, kulturellen und politischen Nonprofit-Organisationen als "Dritte Kraft" (Third Sector) neben Markt und Staat angesehen.

Das interdisziplinäre Gespräch, die Kommunikation unter den deutschsprachigen NPO-Forschern ist somit ein vordringliches Anliegen. Ihm sollte durch ein (erstes) Internationales Colloquium der NPO-Forscher Rechnung getragen werden, das am 29. und 30. September 1994 an der Universität Freiburg/Fribourg in der Schweiz stattfand. Ziel dieses Colloquiums war es, im Rahmen eines Erfahrungsaustausches sich ein Bild über die NPO-Forschung in den deutschsprachigen Ländern zu verschaffen, Erfahrungen auszutauschen, neue Impulse für die Forschung zu gewinnen und Ansätze für gemeinsame Forschungsprojekte zu finden. Das Colloquium richtete sich vornehmlich an Wissenschaftler aus dem deutschsprachigen Raum, die im Bereich der Nonprofit-Organisationen Forschung betreiben bzw. sich mit den Problemen von Organisationen ohne Erwerbscharakter auseinandersetzen. Der Einladung folgten insgesamt 52 Wissenschaftler aus Deutschland, der Schweiz, Österreich, den USA und aus Israel.

Die Wahl des Tagungsortes und der Veranstalter des Colloquiums hat gute Gründe. Fribourg ist seit 1976 ein allseits anerkanntes Zentrum der betriebswirtschaftlichen NPO-Forschung, die im heutigen Forschungsinstitut für Verbands- und Genossenschaftsmanagement (VMI) institutionalisiert ist. Die sozialwissenschaftliche und politikwissenschaftliche Forschung hat durch die Rutgers University, New Brunswick, NJ, sowie das Institute for Policy Studies an der John Hopkins University in Baltimore, MD (USA), mehrsprachig vertreten durch Helmut K. *Anheier*, und durch die 1992 gegründete International Society for Third-Sector Research (ISTR) eine wesentliche Entwicklung erfahren, die auch für den deutschsprachigen Raum bestimmend ist. Die betriebswirtschaftliche Forschung zu gemeinwirtschaftlichen Organisationen hat seit 1970 an der Universität Linz/Österreich eine institutionelle Verankerung.

Das Colloquium hatte insgesamt sieben Vorträge zum Inhalt und wurde durch Begrüßungsworte des Tagungsleiters, Prof. Dr. Dr.h.c. Ernst-Bernd *Blümle*, sowie des Dekans der Wirtschafts- und Sozialwissenschaftlichen Fakultät der Universität Fribourg, Prof. Dr. Heinrich *Bortis*, eingeleitet. Die International Society for Third-Sector Research (ISTR) wurde durch ihren Präsidenten, Prof. Benjamin *Gidron*, vorgestellt.

Prof. Dr. Helmut K. *Anheier*, Rutgers University, New Brunswick, NJ, und John Hopkins University, Baltimore, MD (USA), gab mit vier Fragestellungen einen Überblick über die vergleichende Forschung zum Nonprofit-Sektor. Die wissenschaftstheoretische Basis hiezu gab Prof. Antonin *Wagner*, Rektor der Schule für Soziale Arbeit in Zürich. Über den Stand der NPO-Forschung in Deutschland berichtete Prof. Dr. Rudolph *Bauer* von der Universität Bremen. Über die NPO-Forschung in der Schweiz referierten Prof. Dr. Robert *Purtschert* und Dr. Sebastian *Schnyder* von der Universität Fribourg. Auch der Bericht über die NPO-Forschung in Österreich wurde in zwei Teilen vorgetragen: von Prof. Dr. Christoph *Badelt* von der Wirtschaftsuniversität Wien und von Prof. Dr. Reinbert *Schauer* von der Universität Linz.

Der vorliegende Tagungsband dokumentiert den Verlauf des Colloquiums mit seinen Referaten, die von den Vortragenden für die Veröffentlichung überarbeitet wurden. Die Gestaltung, Gliederung und Zitierweise in den schriftlichen Ausarbeitungen blieb den Referenten überlassen, um eine flexible Arbeitsweise zu ermöglichen. Die Dokumentation der Schlußdiskussion beruht auf einer Mitschrift, die von den Assistenten des Instituts für Betriebswirtschaftslehre der gemeinwirtschaftlichen Unternehmen an der Universität Linz angefertigt wurde. Mit der Dokumentation dieser Tagung soll die Wissenbasis für einen weiterführenden Dialog im deutschsprachigen Raum geschaffen bzw. verbessert werden, um die interdisziplinäre Kommunikation unter NPO-Forschern zu fördern und im Interesse der gemeinsamen Anliegen zu entwickeln.

Die Arbeiten zur Veröffentlichung dieses Tagungsbandes wurden zu einem Großteil von Frau Mag. Elke *Lumplecker* durchgeführt. Ihr und den anderen Mitarbeitern am Institut sei an dieser Stelle ebenso herzlich gedankt wie den Sponsoren, die die Drucklegung dieser Tagungsdokumentation ermöglichten.

Linz, Baltimore, Fribourg, im März 1995

Reinbert Schauer
Helmut K. Anheier
Ernst-Bernd Blümle
Herausgeber

Programm

Internationales Colloqium der NPO-Forscher

29. bis 30. September 1994

Universität Freiburg/Schweiz

Veranstalter:

International Society for Third-Sector Research (ISTR)

Institute for Policy Studies, The John Hopkins University, Baltimore/USA

Institut für Betriebswirtschaftslehre der gemeinwirtschaftlichen Unternehmen, Johannes Kepler Universität Linz/Österreich

Forschungsinstitut für Verbands- und Genossenschafts-Management (VMI), Freiburg/Schweiz

Donnerstag, 29. 9. 1994

09.00 **Begrüssung**
Prof. Dr. Ernst-Bernd Blümle

09.15 **Vergleichende Forschung zum Nonprofit-Sektor: vier Fragestellungen**
Prof. Dr. Helmut K. Anheier

10.30 **Einige wissenschaftstheoretische Randbemerkungen zur NPO-Forschung**
Prof. Dr. Antonin Wagner

11.15 **The International Society for Third-Sector Research (ISTR) After the Pecs Conference**
Prof. Benjamin Gidron

14.00 **Nonprofit-Organisationen und NPO-Forschung in der Bundesrepublik Deutschland**
Prof. Dr. Rudolph Bauer

16.30 **NPO-Forschung in der Schweiz**
Prof. Dr. Robert Purtschert
Dr. Sebastian Schnyder

Freitag, 30. 9. 1994

09.00 **Ansprache des Dekans**
Prof. Dr. Heinrich Bortis

09.15 **NPO-Forschung in Österreich**
Prof. Dr. Christoph Badelt
Prof. Dr. Reinbert Schauer

11.00 **Versuch einer Zusammenfassung und Diskussion über eine weitere Koordination der NPO-Forschung**
Prof. Dr. Reinbert Schauer

12.00 Schluss der Veranstaltung

Referenten

Prof. Dr. Helmut K. ANHEIER
Department of Sociology, Rutgers University, New Brunswick, NJ; Institute for Policy Studies, The John Hopkins University, Baltimore, MD (USA)

Univ.Prof. Dr. Christoph BADELT
Institut für Volkswirtschaftstheorie und -politik, Abteilung für Sozialpolitik, Wirtschaftsuniversität Wien

Prof. Dr. Rudolph BAUER
Institut für Lokale Sozialpolitik und Nonprofit-Organisationen, Fachbereich 11: Human- und Gesundheitswissenschaften, Abteilung Sozialarbeitswissenschaft, Universität Bremen

Prof. Dr. Dr. h.c. Ernst-Bernd BLÜMLE
Professor für Betriebswirtschaftslehre, Direktor des Seminars für Kooperation und Distribution, Leiter des Forschungsinstituts für Verbands- und Genossenschaftsmanagement (VMI), Universität Fribourg, Ehrendoktor der Johannes Kepler Universität Linz

Prof. Dr. Heinrich BORTIS
Professor für Volkswirtschaftslehre, Dekan der Wirtschafts- und Sozialwissenschaftlichen Fakultät der Universität Fribourg

Prof. Benjamin GIDRON
The David Schwartzman Chair in Community Development, The Charlotte B. & Jack J. Spitzer Department of Social Work, Ben-Gurion University of the Negev, Beer-Sheva/Israel; President, International Society for Third-Sector Research (ISTR)

Mag. Elke LUMPLECKER
Universitätsassistentin am Institut für Betriebswirtschaftslehre der gemeinwirtschaftlichen Unternehmen, Johannes Kepler Universität Linz

Mag. Monika MARIK
Universitätsassistentin am Institut für Betriebswirtschaftslehre der gemeinwirtschaftlichen Unternehmen, Johannes Kepler Universität Linz

Prof. Dr. Robert PURTSCHERT
Professor für Betriebswirtschaftslehre, Geschäftsführer des Forschungsinstituts für Verbands- und Genossenschafts-Management (VMI), Universität Fribourg

o.Univ.Prof. Dkfm. Dr. Reinbert SCHAUER
Ordinarius für Betriebswirtschaftslehre der öffentlichen Verwaltung und der öffentlichen Dienste und Vorstand des Instituts für Betriebswirtschaftslehre der gemeinwirtschaftlichen Unternehmen, Johannes Kepler Universität Linz

Mag. Christian SCHMID
Universitätsassistent am Institut für Betriebswirtschaftslehre der gemeinwirtschaftlichen Unternehmen, Johannes Kepler Universität Linz

Dr. Sebastian SCHNYDER
Forschungsinstitut für Verbands- und Genossenschafts-Management (VMI), Universität Fribourg

Prof. Dr. Antonin WAGNER
Rektor der Schule für Soziale Arbeit Zürich; Secretary, International Society for Third-Sector Research (ISTR)

Begrüssung

Ernst-Bernd BLÜMLE, Fribourg

Herzlich willkommen in der Zähringer-Stadt Freiburg, an der einzigen zweisprachigen Universität Westeuropas. Ich begrüsse Sie alle recht herzlich. Besonders freue ich mich, dass auch zwei Kollegen von weither den Weg in unsere Stadt gefunden haben, Prof. Benjamin *Gidron* aus Israel, Präsident der International Society for Third-Sector Research (ISTR), und Prof. Helmut *Anheier* aus den USA.

Eben dort in den Vereinigten Staaten auf einer Autofahrt in Baltimore vor nicht ganz einem Jahr entstand spontan die Idee, einmal Wissenschaftler, die im NPO-Bereich forschen, in einer Veranstaltung zusammenzuführen. Die Idee brachte Kollegen *Schauer* und mich überdies dazu, einmal eine praktische Übung im Fund-Raising zu machen. Obwohl noch einige kleine Anträge um finanzielle Hilfe offen sind, soll hierunter unser Bemühen um Gastfreundschaft nicht leiden.

Wir stochern alle im Nebel, denn die NPO-Forschung ist noch eine junge Disziplin. Wir kommen aus verschiedenen Ländern: 20 Teilnehmer aus Deutschland, 16 aus der Schweiz, 14 aus Österreich und nicht zu vergessen, je ein Teilnehmer aus den USA und aus Israel. Auch forschen wir in teilweise ganz unterschiedlichen Disziplinen. So sind neben Teilnehmern aus den Wirtschafts-, Rechts- und Sozialwissenschaften auch die Erziehungs- und Politikwissenschaften, die Ethnologie und viele andere mehr vertreten. Schliesslich sind wir teilweise auch verschiedenen Forschungsansätzen verpflichtet. Hier sei nur auf die institutionelle und die funktionale Perspektive verwiesen. Setzt sich der eine eher mit den einzelnen NPOs wie z.B. Gewerkschaften oder Parteien auseinander, so betrachtet der andere eher die betrieblichen Funktionen wie das Rechnungswesen oder die Führung der NPO.

So stellt sich a priori als Ziel des Colloquiums, diese verschiedenartigen Ideen und Interessen unter ein Dach zu bringen und ein persönliches Sich-Kennenlernen der Personen zu ermöglichen, die sich mit diesen in unserer Gesellschaft lange Jahre nicht wahrgenommenen Organisationen wissenschaftlich befassen. Gleichzeitig soll im Sinne einer Bestandsaufnahme einmal gesichtet werden, welche Initiativen in den einzelnen Ländern laufen und welche Projekte bearbeitet werden. Neben den Referaten von den Kollegen *Anheier, Bauer, Badelt, Schauer, Purtschert* und *Schnyder* soll vor allem auch die am Schluss stattfindende Diskussion zu einer Abrundung dieses Grobinventars beitragen.

Die Unterschiede in Herkunft und Forschungsinteresse sollen aber auch dazu beitragen, offen und tolerant ans Werk zu gehen. NPO sind vom Kooperationsprinzip geprägt. Dass wir Kooperationsforscher eine kooperative Lernkultur entwickeln, ist mein Wunsch; ob er in Erfüllung geht, hängt von uns allen ab.

Ansprache des Dekans

Heinrich BORTIS, Fribourg

Sehr verehrte NPO-Forscher, liebe Kollegen, meine Damen und Herren!

Es ist für die Wirtschafts- und Sozialwissenschaftliche Fakultät eine besondere Ehre, dass ein NPO-Colloquium, mit Forschern aus dem deutschsprachigen Raum, an unserer Universität Freiburg im Uechtland stattfindet - man muss betonen: Freiburg i.Ue. im Unterschied zu Freiburg im Breisgau! (Ich habe schon Briefe bekommen mit der Anschrift: Fribourg/Switzerland - Germany; es gibt Leute, die einfach nicht glauben können, dass es in der Schweiz auch ein Freiburg gibt!). Ich danke unserem Institut für Verbands-Management für die Organisation des Kolloquiums und Ihnen allen, dass Sie sich so zahlreich hier in Freiburg eingefunden haben.

Gestern Abend befanden wir uns in Greyerz - Gruyère. Die Region Greyerz hat zur Stadt Freiburg ein besonderes Verhältnis. Bis zum Beginn des 16. Jh. war Greyerz eine unabhängige Grafschaft. In diesem Zeitraum machte der letzte Graf von Greyerz Konkurs - wie man heute sagen würde - und seine Ländereien wurden zwischen den beiden Zähringerstädten Freiburg und Bern aufgeteilt. Das bedeutete für die Greyerzer, dass ein Teil der Steuergelder nach Freiburg floss. Die Greyerzer haben immer versucht, durch Betonung einer gewissen regionalen Selbständigkeit ihre Stellung gegenüber Freiburg zu festigen. Auch heute noch darf einem Greyerzer nicht sagen, er sei Freiburger, genau gleich wie man einem Oberwalliser nicht sagen darf, er sei Deutschschweizer, oder einem Schweizer, er sei Europäer. Die Schweiz ist ein kompliziertes Land, in dem alles auf vielfach undurchsichtige Art und Weise verschachtelt ist.

Unsere Fakultät - die ich kurz vorstellen möchte - zählt um die 1'500 Studenten, die Universität 7'200, von denen ein Viertel Ausländer sind. Bei einer Einwohnerzahl von 36'000 ist Freiburg deshalb eine echte Universitätsstadt, die man sich ohne die Studenten nicht vorstellen könnte. Auf die fünfzehnhundert Studenten unserer Fakultät kommen 27 ordentliche und ausserordentliche Professoren, 7 Assistenz- und Titularprofessoren, 8 Gastprofessoren sowie 33 Lehrbeauftragte. Grundsätzlich ist jeder Lehrstuhl mit zwei Assistenten ausgestattet. Von den Studenten sind ziemlich genau zwei Drittel Schweizer (um die 1'000) und ein Drittel Ausländer; 423 kommen auf 27 ost- und westeuropäischen Ländern, 30 aus Afrika, 21 aus Nord- und Südamerika sowie 21 aus Asien. Gegenwärtig sind wir daran, die Beziehungen zu Osteuropa auszubauen. Freiburg und auch unsere Fakultät haben hier eine bedeutende Tradition zu verwalten. Seit der Gründung der Universität - 1889 - bis zum Zweiten Weltkrieg kam ein bedeutender Teil der Studenten aus osteuropäischen Ländern. Die Universität und vor allem unsere wirtschafts- und sozialwissen- schaftliche Fakultät sind also in hohem Masse international, und wir wollen das auch bleiben, ganz einfach weil Internationalität und Weltoffenheit für uns lebenswichtig sind.

Unsere Fakultät war und ist bestrebt, Generalisten auszubilden, also Betriebswirtschafter, die auch die volkswirtschaftlichen Probleme kennen und Volkswirtschafter, die mit dem Geschehen in den Betrieben vertraut sind. Z.B. haben wir den historischen Fächern, wie Wirtschafts- und Dogmengeschichte, stets eine besondere Beachtung geschenkt. Wir sind eine der wenigen deutschsprachigen Universitäten, die die Ge- schichte der volkswirtschaftlichen Lehrmeinungen als *obligatorisches* Fach beibehalten hat. Wir sind dabei, eine Reglementsreform durch- zuführen, die den Generalistencharakter unseres Studiums noch ver- stärken soll.

Persönlich betrachte ich das Institut für Verbands-Management von besonderer Bedeutung für die zukünftige Entwicklung unserer Fakultät, dies wegen der Wichtigkeit von Verbänden und NPO im allgemeinen. Vor allem die Verbände sind sozusagen das Bindeglied zwischen den

Unternehmungen und den Haushalten einerseits sowie der Volkswirtschaft andererseits. Als solches haben Verbände eine betriebswirtschaftliche und eine volkswirtschaftliche Dimension. Sie stehen im
Spannungsfeld zwischen Mitgliederinteressen und dem Allgemein-
interesse. Ich bin davon überzeugt, dass das Studium der volkswirtschaftlichen Rolle von Verbänden, das früher im Rahmen des
amerikanischen Institutionalismus und der deutschen Historischen
Schule besonders gepflegt wurde, an Bedeutung gewinnen wird. Die
Volkswirtschaftslehre wird teilweise von der mathematischen Methode
Abstand nehmen müssen (einige der hochmathematischen Methoden
in den Wirtschaftswissenschaften werden mit Sicherheit auf der
Abfallhalde der Dogmengeschichte landen). Es wird darum gehen,
Theorien zu entwickeln, die etwas zur Erklärung geschichtlicher
Vorgänge und zur volkswirtschaftlichen Rolle von Institutionen, also
auch den Verbänden im speziellen und den NPO im allgemeinen,
beitragen können. Dies impliziert, dass der historischen und ganzheitlich
orientierten Theorie, wie sie von den grossen klassischen Politischen
Ökonomen und von *Keynes* betrieben wurde, ein entscheidendes
Gewicht beigemessen werden muss. Sich mit Verbänden oder NPO
beschäftigen ist also eine zukunftsträchtige Angelegenheit. In diesem
Sinne freue ich mich ganz besonders, dass Ihre NPO-Tagung hier, bei
uns in Freiburg im Uechtland stattfindet und wünsche Ihnen für Ihre
Arbeiten viel Erfolg und weiterhin einen angenehmen Aufenthalt in
Freiburg.

Vergleichende Forschung zum Nonprofit-Sektor: Vier Fragestellungen

Helmut K. ANHEIER, New Brunswick, NJ; Baltimore, MD (USA)

Einführung

Welche zentralen Fragestellungen zeichnen sich derzeit im Bereich der internationalen und komparativen Forschung zum Nonprofit-Sektor ab? Da sich dieses Forschungsgebiet in den letzten Jahren deutlich ausgeweitet hat, könnte es von Nutzen sein, diesen Fragestellungen auf den Grund zu gehen, um Bestand aufzunehmen und sich abzeichnende Forschungsschwerpunkte zu benennen. Ein solches Unterfangen birgt aber gleichzeitig die Gefahr in sich, daß dabei eine Auflistung von theoretisch Wünschenswertem zu unterschiedlichsten Aspekten der Nonprofit-Sektor-Forschung entsteht. Stattdessen möchte ich mich auf vier Fragestellungen beschränken, die mir für die internationale Forschung über Nonprofit-Organisationen wichtig erscheinen. Zur Vereinfachung nenne ich diese Fragestellungen "Definition", "Neubewertung der ökonomischen Theorien", "institutionelle Theorie" und "Demokratiefrage".

Diese vier Fragestellungen werden auf dem Hintergrund nun vorliegender empirischer Arbeiten zu Nonprofit-Organisationen nicht nur in den USA, Kanada und Europa, sondern zunehmend auch in anderen Teilen der Welt behandelt. Abbildung 1 bietet eine Zusammenfassung gegenwärtiger Theorien zu Nonprofit-Organisationen. Die grundlegenden theoretischen Komponenten der Nonprofit-Sektor-Forschung wurden hauptsächlich zwischen 1975 und 1985 eingeführt. Insbesondere Henry *Hansmanns* "trustworthiness"-These, Burton *Weisbrods* "public goods" Theory und Estelle *James* "Heterogenitätsthese" bildeten neben anderen ökonomischen Theorievorschlägen das theoretische

Fundament für dieses neue Forschungsfeld (vgl. *Rose-Ackerman*, 1986; und *Hansmann*, 1987, als Hintergrundliteratur). Dahingegen waren in den vergangenen Jahren jedoch nicht theoretische Grundüberlegungen, sondern gerade ganz andere Entwicklungen typisch für die Nonprofit-Sektor-Forschung.

Zum einen gab es theoretische Verbesserungen und Weiterentwicklungen. Zwar blieben zentrale Theorieelemente wie Vertrauensvorteile, Informationsassymmetrie, öffentliche Güter, Nachfrageheterogenität und Transaktionskosten weiterhin Grundbausteine ökonomischer Theorien, aber neuere Arbeiten gingen doch über frühere hinaus und trugen wesentlich zu einem besseren Verständnis darüber bei, wie die obengenannten Faktoren bei der Entstehung von Nonprofit-Organisationen interagieren. Zwei Beispiele sollen dies veranschaulichen: *BenNer* und *van Hoomissen* (1991) erweiterten das theoretische Verständnis über die Rolle von Informationsasymmetrien, indem sie die Forderungen von *stake holders* bei der Ausübung von Kontrolle über die Menge und die Qualität von Dienstleistungen an Dritte miteinbeziehen (siehe Abbildung 1). *Posnett* und *Sandler* (1988: 149) trugen zum Transaktionskostenansatz bei, indem sie auf die verschiedenen Kostenarten hinwiesen, die sich für Geber und Empfänger von Spenden ergeben, und sie zeigten, wie die Einführung der englischen Wohlfahrtsgesetzgebung (*charity laws*) die Transaktionskosten für religiöse Organisationen senkte, so daß sie erst qua Gesetz zu vertrauenswürdigeren Vermittlern von Wohlfahrtstransfers wurden.

Zum zweiten beobachteten wir in den vergangenen Jahren ein deutliches Anwachsen an empirischen Arbeiten, die entweder vorhandene Theorien überprüfen oder Beweise für Schlüsselaspekte der einen oder der anderen Theorie liefern. Z.B. legen *Steinberg* und *Gray* (1993) eine Zusammenfassung empirischer Arbeiten vor, die sich auf *Hansmanns* "trustworthiness"-These beziehen, und kommen zu einer eher skeptischen Bewertung: "Hansmann's predictions are well-supported in some nonprofit industries, doubtful in others" (*Steinberg* und *Gray*, 1993). In gleichem Sinn hat *Weisbrod* (1993) Unterschiede in den Präferenzen von Konsumenten und im Organisationsverhalten zwischen gewinnorientierten, öffentlichen und non-profit Anbietern untersucht. Dabei zeigte sich, daß religiöse oder kirchliche Nonprofit-Organisationen die theoretischen Erwartungen besser erfüllen als säkulare oder nicht-kirchliche Nonprofit-Organisationen; hingegen haben gewinnorientierte und öffentlichen Anbieter im Hinblick auf die untersuchten Variablen durchaus etwas mit nicht-kirchlichen Nonprofit-Anbietern gemeinsam. Dies legt nahe, daß die Organisationsform zumindest in gewissem Grad zum Verständnis von Organisationsverhalten beiträgt; allerdings scheinen Religion und andere grundlegende Wertorientierungen von noch entscheidenderer Bedeutung zu sein.

Vier Fragestellungen
Fragestellung 1: Definitionen

Die erste Fragestellung bezieht sich auf das Definitionsproblem, ein wohl stark beklagtes und auch häufig mißverstandenes Thema. In einer Darstellung der damals vorhandenen Literatur kamen *DiMaggio* und ich schnell zu der Überzeugung, daß der Begriff der Nichtgewinn-Orientierung wenig internationale oder historische Konsistenz besitzt und daß jeder allgemeine Definitionsversuch allein auf der operationalen Ebene Erfolg haben könnte (*DiMaggio* und *Anheier*, 1990). Der Nonprofit-Begriff ist stark kulturabhängig und in das jeweilige rechtliche System eingebunden, besonders aber in die steuerrechtliche und körperschaftliche Gesetzgebung. Wenden wir uns jedoch von der institutionellen Definition von Nonprofit-Sektoren hin zu einer operationalen Definition - etwa in Anlehnung an die von Lester *Salamon* und mir kürzlich vorgeschlagene strukturell-operationale Definition -, so gelangt man zu einer forschungsstrategisch zumindest empirisch brauchbaren Kategorisierung von Organisationen (*Salamon* und *Anheier*, 1992). Die strukturell-operationale Definition umfaßt Organisationen, die formal, privat, nicht-gewerblich, selbst-bestimmt und freiwillig sind und unter der Überschrift "Nonprofit-Sektor" eingeordnet werden können. Diese Definition beschreibt somit vergleichbare Gruppen von Organisationen, die dann im Hinblick auf ihren Beitrag zum Bruttosozialprodukt oder ihr organisatorisches Verhalten mit den Standardmethoden der volkswirtschaftlichen Gesamtrechnung bzw. der Organisationssoziologie untersucht werden können.

Die operationale Definition hat allerdings einen entscheidenden Nachteil. Was wir operational als Nonprofit- oder Dritten Sektor z.b. in Deutschland, der Schweiz, in Frankreich, Italien oder Indien definieren, entspricht nicht immer der nationalen Terminologie und stimmt nicht immer mit den Inhalten überein, die mit dem Sektor - wenn er überhaupt als solcher verstanden wird - in dem einen oder dem anderen Land verbunden werden. Wir können somit zwar Nonprofit-Organisationen auf der Grundlage der strukturell-operationalen Definition bestimmen, messen und analysieren, aber ohne die damit verbundene Hoffnung, ein vergleichbares institutionelles und kulturelles Gegenstück auf der Sektorebene zu finden. Zum einen bedeutet dies für die internationale Forschung, daß wir Nonprofit-Organisationen durchaus erfassen können, aber nicht notwendigerweise Nonprofit-Sektoren. Zum zweiten heißt dies aber auch, daß die empirisch orientierte Forschung in diesem Gebiet ihr Objekt quasi selbst aus dem institutionellen Gefüge der Gesellschaft herausschneidet und somit das selbst erschafft, was untersucht werden soll.

Warum ist dies nun der Fall? Eine erste Antwort ist schnell gefunden, wenn wir den Blick auf andere Gebiete der Wirtschafts- und Sozialwissenschaften werfen. Auch dort zeigt sich in vielen Fällen, daß die Konstituierung neuer Forschungsfelder durchaus über die "operationale Schiene" gelaufen ist, ohne von vornherein das eigentliche Objekt selbst genau bestimmen zu können, so zum Beispiel in der volkswirtschaftlichen Gesamtrechnung, der Organisationssoziologie oder im Bereich der Sozialindikatorenforschung. In diesen Gebieten wird ernsthaft Forschung betrieben, ohne notwendigerweise eine a priori Definition von "Wirtschaft", "Organisation" oder "Wohlfahrt" vorauszusetzen, die über die jeweilige operationale Definition hinausginge.

Eine weitere - und wohl auch entscheidendere - Antwort liegt darin, daß der Nonprofit-Sektor bisher nicht das geworden ist, was der amerikanische Soziologe Eviatar *Zerubavel* (1991) mit "Bedeutungsinsel" oder

20

island of meaning bezeichnet, d.h. ein kognitives Konzept, das als gleich empfundene Objekte sinngebend miteinander verbindet, um Erkennen und Kommunikation zu erleichtern. Solche "Inseln" werden aus Teilen der institutionellen Welt zusammengestellt, die dann als konkrete, identifizierbare und von ihrer Umgebung getrennte Objekte behandelt werden. Während "Markt" und "Staat" oder "öffentlich" und "privat" solche "Inseln" darstellen, ist dies beim Nonprofit-Sektor bisher nicht der Fall gewesen.

Wofür und weshalb ist aber die Einführung des Begriffs "Nonprofit-Sektor" notwendig? Warum wird er gebraucht? Die Antwort auf diese Fragen ist sicherlich komplex, aber sie mag auch auf einen einfachen Kern zurückgeführt werden. Wir brauchen ein solches Konzept, weil Begriffe wie "Markt", "Regierung" oder "Staat" für eine der Forschung wie der Politik nutzbringende Beschreibung der institutionellen Struktur moderner Gesellschaften immer weniger ausreichen. Zwei Beispiele mögen dies veranschaulichen:

Das System der Volkswirtschaftlichen Gesamtrechnung der Vereinten Nation (SNA) nennt den Nonprofit-Sektor als einen von fünf institutionellen Bereichen, die insgesamt die Volkswirtschaft eines Landes konstituieren, nämlich Gewerbe, Finanzinstitutionen, Staat und private Haushalte (United Nations, 1993). Wie Nonprofit-Organisationen in diesem Rahmen behandelt und gemessen werden, führt allerdings zu einer Sektorbestimmung, die für wirtschaftliche und politische Analysen praktisch sinnlos ist (*Anheier, Rudney* und *Salamon*, 1993). Zum Beispiel werden hier Nonprofit-Organisationen, die den Hauptanteil ihres Einkommens aus öffentlichen Mitteln bestreiten, dem Staat zugerechnet; und Nonprofit-Organisationen, die zumindest annähernd zu Marktpreisen anbieten, werden dem gewerblichen Sektor zugerechnet. Immer häufiger wird man sich der damit verbundenen Nachteile bewußt und schlägt Verbesserungsmöglichkeiten zur konzeptionellen Behandlung und Messung des Nonprofit-Sektors im Rahmen des SNA vor (Committee on National Statistics, 1993).

Das zweite Beispiel betrifft Entwicklungsländer. Dort haben nicht-staatliche Organisationen eine solche Bedeutung im Hinblick auf Interessenvertretung und Dienstleistungsangebote erlangt, daß sie zunehmend als Hauptakteure im internationalen System der Entwicklungsfinanzierung angesehen werden. Sie passen allerdings nicht immer ganz genau in ein Planungssystem, das zu leicht Organisationen entweder als öffentlich oder privat und damit als profit-orientiert einstuft. Häufig werden sie als "Zusatz" zu Programmen und Projekten des öffentlichen Sektors behandelt. Außerdem werden Modelle von öffentlich-privaten Systemen in der Bereitstellung und Finanzierung sozialer Dienstleistungen, wie sie vielfach in den USA (third party government) oder Deutschland (Subsidiaritätsprinzip) bestehen, im allgemeinen in der Entwicklungsplanung ignoriert. Ähnliche Beobachtungen lassen sich über die gegenwärtige Neuordnung der östlichen und zentraleuropäischen Ökonomien anstellen, wo entweder Staats- oder Marktdenken die politischen Entscheidungen dominiert.

Zusammenfassend läßt sich sagen: wir müssen uns darüber im klaren sein, daß wir die Realität nicht nur definieren, sondern sie in bestimmter Weise erst erzeugen, wenn wir die kognitive Landkarte der sozialwissenschaftlichen Forschung verändern.

Fragestellung 2: Neubewertung der ökonomischen Theorien

Zur theoretischen Weiterentwicklung wird es notwendig sein, gerade jene Theorien einer Überprüfung zu unterziehen, die zum Stand der gegenwärtigen Forschung einen so großen Beitrag geleistet haben und noch immer weitgehend theoretische und konzeptionelle Anstrengungen bestimmen (vgl. Abbildung 1). Ich beziehe mich dabei im besonderen auf die mikro-ökonomischen Theorien, die vor mehr als einem Jahrzehnt von Henry *Hansmann* und Burt *Weisbrod* vorgestellt wurden. Eine Neubewertung der Grundsätze oder -annahmen, auf denen diese Theorien basieren, sollte vorgeschlagen und ernsthaft verfolgt werden, ohne sie insgesamt und von vornherein als falsch zu verwerfen, sondern vielmehr, um im Rahmen einer systematischen Betrachtung und auf der

Grundlage des nun immerhin doch recht ansehnlichen empirischen Materials ihre Reichweite neu zu bestimmen. Dabei möchte ich kurz einige Problembereiche ansprechen. Mit Sicherheit ließen sich weitere nennen, allerdings erscheint mir bei den nachfolgend aufgeführten eine Neubewertung und Neubestimmung am dringlichsten.

Abbildung 1: Ökonomische Nonprofit-Sektor-Theorien im Überblick

Theory	Summary	Key Concept	Focus	Strength	Weakness
Public Goods Theory	Public sector provides goods demanded by the median voter, leaving special demands unmet; Nonprofit organizations cater to special demands	Public Good; Demand Heterogeneity	Public sector versus private nonprofit provision; nonprofits as "gap-fillers" for government failures	addresses the question why some services are provided by public sector and other by nonprofit sector	little to say about for-profit nonprofit distinction; supply of entre-preneurship assumed
Trustworthi-ness Theory	nondistribution constraint makes nonprofit organizations more "trustworthy" than for-profit firms under conditions of information asymmetry which make monitoring expensive and profiteering likely	nondistribution constraint; trust; opportunistic behavior; transaction costs; information asymmetry	Private for-profit sector versus nonprofit sector; nonprofit organizations as response to market failure	addresses the question why some services are provided by market versus nonmarkets	little to say why nonprofits rather than governments step in; link between trust and nondistribution constraint is weak and; neglect of supply side factors
Stakeholder Theory	Stakeholders exercise control over delivery of nonrival trust goods under conditions of information asymmetry	trust goods; nonrival versus rival goods; stakeholders	Nondistribution constraint secondary; control over information asymmetries primary; nonprofit as a special case	Moves away from assumption that either market or public sector are primary; moves away from dyadic thinking; nonprofit organizations as intermediaries; emphasizes supply of entre-preneurship	little to say why private rather than public sector stakeholders step in; link between trust goods and nonrival versus rival goods leads to more options in terms of institutional choice
Heterogeneity Thesis and Entrepreneur-ship Theories	Nonprofit organizations are a reflection of societal heterogeneity served and created by entrepreneurs who maximize nonmonetary profits	social heterogeneity; entrepreneurs; nonmonetary maximization	Nondistribution constraint secondary; supply of religious and ideological entrepreneurs important	combines supply and demand size factors; comparative; cross-subsidization possible	role of public sector unclear; assumes that heterogeneity can manifest itself in effective demand

Vertrauen oder Risiko.

Das Konzept der Vertrauenswürdigkeit sollte ursprünglich Situationen beschreiben, in denen Konsumenten die Wahrscheinlichkeit eines opportunistischen Verhaltens auf Seiten des Anbieters berechnen. Da Nonprofit-Organisationen dazu angehalten sind, potentielle Gewinne nicht an Eigner oder sonstige Berechtigte zu verteilen, geht man davon aus, daß für sie geringere Anreize zu Opportunismus bestehen; sie gelten daher als "vertrauenswürdiger" und letztendlich als effizienter im Hinblick auf Transaktionskosten. Wie das Konzept der Vertrauenswürdigkeit aber in der Transaktionskostenökonomie und bei *Hansmann* (1987) verwendet wird, beinhaltet es jedoch nicht Vertrauen sondern Risiko. Wenn demzufolge Nonprofit-Organisationen somit "risikoloser" sind, so kann man sich auch gleichermaßen plausible Szenarios vorstellen: z.b. könnten Sekundärmärkte (Versicherungen) zur Risikodeckung entstehen; oder staatliche Stellen könnten Garantien geben (wie es z.b. bei risikoreichen Exportgeschäften der Fall ist) oder sogar die Angebotsfunktion bei zu hohem Risiko bzw. zu hohen Mißerfolgsraten übernehmen. Neuere Arbeiten von *Hansmann* (1990) legen nahe, daß Vertrauenswürdigkeit nur für einen kleinen Teil des amerikanischen Nonprofit-Sektors die notwendige Grundlage darstellt, und somit andere Theorien benötigt werden, um das Fortbestehen und die Ausdehnung des Nonprofit-Sektors in solchen Bereichen zu erklären, in denen Vertrauensunterschiede nicht oder nicht mehr wesentlich sind, so zum Beispiel im Bildungs- oder Gesundheitswesen, aber auch in Kunst und Kultur.

Darüberhinaus möchte ich hervorheben, daß nicht die Annahme von Vertrauen als kalkulierbares Risiko, sondern vielmehr als unbefragter Glauben an die Zuverlässigkeit der Transaktion, an die Qualität der Dienstleistungen oder des Produktes und an den Anbieter (vgl. *Giddens*, 1990:33) problematisch ist. An diesem Punkt müssen wir unser Denken im Rahmen des Transaktionskostenansatzes überprüfen, weil dieser Vertrauen wie auch Risiko scheinbar gleichsetzt und als Güter mit kalkulierbaren Nutzen und Kosten ansieht. Vertrauen kann jedoch nicht wie Risiko gemessen und in den Begriffen von Wahrscheinlichkeit und als Nutzenabwägung dargestellt werden. Während sich Risiko auf der Grundlage von induktivem Wissen aus früheren Erwartungen zur Einschätzung möglicher Folgen bestimmen läßt, beruht Vertrauen auf der Annahme von Zuverlässigkeit. Wie soziale Normen ist auch Vertrauen kontra-faktisch und innerhalb enger Grenzen weitgehend unbeweglich, dabei aber hoch sensibel gegenüber Vertrauensbrüchen. Im Gegensatz zum Risiko, das als kontinuierliche Variable dargestellt werden kann, ist Vertrauen in der Tendenz binär.

Religiöses und säkulares Verhalten.

Wir müssen in unsere Theorien miteinbeziehen, daß es sich bei Nonprofit-Organisationen häufig um religiöse oder kirchliche Organisationen handelt. Wir können davon ausgehen, daß die ausgesprochene Wertorientierung religiöser Organisationen in engem Zusammenhang mit dem Vertrauen steht, das ihnen von Gläubigen entgegengebracht wird. Da Vertrauen - nicht jedoch Risiko - in einigen Tätigkeitsbereichen mehr, in anderen weniger wichtig ist, können wir erwarten, daß die relative Häufigkeit der Nonprofit-Form im allgemeinen und die von wertorientierten Organisationen im besonderen demgemäß variiert.

Estelle *James* war lange Zeit wahrscheinlich die einzige aus dem Bereich der Ökonomie, die die Frage der Religion explizit behandelte. Auf der Grundlage ihrer Befunde über die Rolle religiöser Gründer in typischen Nonprofit-Arbeitsbereichen wie z.B. dem Gesundheitswesen oder dem Schulwesen hat sie eine zentrale These herausgearbeitet, welche die Angebotsseite in den Blickwinkel bringt. Danach werden Nonprofit-Organisationen von religiösen Unternehmern bevorzugt, weil "es nicht um die Maximierung von monetären Gewinnen, sondern um die Maximierung des Glaubens, der Glaubensgemeinde oder der religiösen Anhängerschaft überhaupt geht" (*James*, 1986:155; 1992). Dies bedeutet, daß das Gewinnmotiv ein nicht-monetäres ist, woraus sich folgern läßt, daß das Nichtverteilungsgebot ein sekundäres, weitgehend erst durch die moderne Steuergesetzgebung eingeführtes Phänomen darstellt. Darüberhinaus mögen religiöse Ziele und Gewinnmaximierung sogar nicht miteinander vereinbar sein, was bedeuten

würde, daß die Option "Gewinnorientierung oder Nichtgewinnorien-
tierung" möglicherweise gar nicht als wesentliche Komponente in die
Entscheidungsfindung der Gründer miteingeflossen ist. Die Beobachtungen von *James* über den Zusammenhang zwischen Religion und
Nonprofit-Organisationen werden von Forschern bestätigt, die den
Nonprofit-Sektor außerhalb der USA untersuchen. *Bauer* (1987) und
DiMaggio und *Anheier* (1990) beziehen sich z.b. auf die Wertrationalität
religiöser Nonprofit-Organisationen im Gegensatz zur Zweckrationalität,
die bei gewinnorientierten Unternehmen, der staatlichen Verwaltung
und vielleicht auch zunehmend bei nicht-religiösen Nonprofit-
Organisationen vorherrscht. Wertrationalität gründet auf tief verwur-
zelten religiösen Werten und politischen Wertvorstellungen, die die
Organisation, ihre Gründer, Klienten und Mitarbeiter durchdringen bzw.
beeinflussen.

Dyadische und triadische Transaktionen.

Wir müssen die Vermittlerposition von Nonprofit-Organisationen als
ökonomisches Relais zwischen Nachfrage und Angebot genauer
bestimmen. Es gibt bereits Versuche in dieser Richtung, allen voran
BenNers "stakeholder analysis" (Abbildung 1), aber es besteht dennoch
Bedarf an einer weiteren Klärung. Ökonomische Theorien des
Nonprofit-Sektors konzentrieren sich entweder auf die Nachfrageseite,
wie im "public choice Ansatz", oder aber auf die Angebotseite, wie die
Untersuchungen von *Young* (1983) und *James* (1987) zu Nonprofit-
Unternehmern. Für *Hansmann* (1987:31-32) wird die Beziehung
zwischen Geber und Nonprofit-Management zu einem institutionellen
Problem, ähnlich der Beziehung zwischen Aktionären und Management
bei Aktiengesellschaften (*agency problem*). *Hansmann* (1987:31) geht
davon aus, daß letztendlich weder die Aktionäre einer Aktiengesell-
schaft noch die Spender einer Wohlfahrtsorganisation sinnvoll darüber
befinden können, wie und wofür ihre marginalen Beiträge verwendet
werden.

BenNer und *van Hoomissen* (1991) erweitern diese Denkweise und
stellen fest, daß Nachfragefaktoren allein keine hinreichende

27

Bedingung für die Entstehung von Nonprofit-Organisationen sind. Das entscheidende Element - oder die "aktive Komponente" bei der Organisationsentstehung - ist vielmehr eine Gruppe von *stake holders,* die die entscheidende Kontrolle über das Leistungsangebot besitzt. Folgt man dieser These, so muß man davon ausgehen, daß der Nonprofit-Status sich nicht nur bei der Nachfrage für typischerweise nicht konkurrierende, halb öffentliche Dienste anbietet, sondern auch dann, wenn die potentielle Dominanz kommerzieller Interessen dem Interesse der *stake holders* entgegensteht.

Krashinsky (1986) hat als erster darauf hingewiesen, daß sich die Beziehung zwischen Angebot und Nachfrage im Nonprofit-Sektor anders darstellt, da Transaktionen drei statt zwei Parteien umfassen. Die Trennung zwischen der Nachfrage, dem Nutznießer und dem Angebot einer Leistung bewirkt, daß sich die Bestimmung der Triade "Geber-Anbieter-Empfänger" im Sinne des Transaktionskostenansatzes schwierig darstellen kann. *Posnett* und *Sandler* (1988:148) entwickeln diese Denkrichtung weiter, indem sie feststellen, daß sich Wohlfahrtsorganisationen historisch zunächst im Rahmen der Bereitstellung nicht-konkurrierender Güter und Dienste wie im Schulwesen, bei der Armenhilfe und im Gesundheitswesen entwickelten. Sie nehmen weiter an, daß die Hauptfunktion der Nonprofit-Form die Erleichterung von Transfers zwischen Geber und Empfänger ist. Der Bedarf an Nonprofit-Organisationen als Mittler stieg in dem Maße an, wie kleinere Gebergruppen immer größeren Gruppen von Empfängern gegenüberstanden. Nonprofit-Organisationen wurden zu Maklern zwischen identifizierbaren Gebern und nicht identifizierbaren, anonymen Empfängern wie "den" Armen, "den" Kranken oder "den" Blinden.

Zusammenfassend läßt sich sagen, daß sich ein deutlicher Bedarf an einer Neueinschätzung der ökonomischen Theorien von Nonprofit-Organisationen abzeichnet. Dies sollte heute leichter zu bewerkstelligen sein als noch vor ein paar Jahren, weil inzwischen empirische Arbeiten vorliegen, die zur systematischen Bewertung der verschiedenen Theorien (Abbildung 1) herangezogen werden können.

Fragestellung 3: Institutionelle Theorie

DiMaggio und *Anheier* (1990) schlagen aus forschungsstrategischem Kalkül vor, zwei eng miteinander zusammenhängende Problembereiche am besten getrennt zu behandeln:

o   Warum gibt es Nonprofit-Organisationen, d.h. welche Art der Arbeitsteilung besteht zwischen Organisationsformen?

o   Inwieweit und weshalb unterscheiden sich Nonprofit-Organisationen von anderen Organisationsformen hinsichtlich ihres Verhaltens bzw. hinsichtlich ihrer Leistung, Effizienz, Finanzgrundlage, Klientel, Strategien oder Produktion?

Zu diesen zwei Punkten läßt sich meiner Meinung nach ein dritter hinzufügen:

o   Wie bezieht sich der Nonprofit-Sektor auf andere gesellschaftliche Sektoren und wie interagiert er mit ihnen? Welche Position nimmt er in der Gesamtstruktur der Gesellschaft ein?

In diesem Bereich sind inzwischen einige Fortschritte erzielt worden, hauptsächlich unter der Überschrift des Neo-Institutionalismus (vgl. *Powell* and *DiMaggio*, 1991; *Weaver* und *Rockman*, 1993), und es ist zu erwarten, daß die Ergebnisse über die institutionellen Strukturen des Nonprofit-Sektors die vergleichende Theoriebildung entscheidend beeinflussen werden. Im Rahmen des *Johns Hopkins Comparative Nonprofit Sector Project* (*Salamon* und *Anheier*, 1994) hat sich bisher gezeigt, daß drei recht allgemeine Faktoren (Art des Rechtssystems; Grad der politischen Zentralisierung; und Grad der sozialen und wirtschaftlichen Entwicklung) im institutionellen Gefüge moderner Gesellschaften von entscheidender Bedeutung für die Art und Lagerung des Nonprofit-Sektors ist. Werden diese Faktoren auf eine breit angelegte Auswahl von Ländern angewendet, so führen sie zu einer relativ eindeutigen Typologie von Nonprofit-Sektoren, die bestimmte Beziehungsmuster zwischen Staat und Gesellschaft widerspiegeln und in

Größe und Reichweite vergleichbar sind. Zum Beispiel sind Frankreich und Deutschland beide zivilrechtliche Länder mit hoher sozialer und wirtschaftlicher Entwicklung; aber sie unterscheiden sich im Grad der Zentralisierung. Daher können wir annehmen, daß Variationen im System der öffentlichen Verwaltung bzw. Finanzierung Unterschiede in der Größe und Reichweite zwischen dem französischen und dem deutschen Nonprofit-Sektor erklären.

Ein institutioneller Ansatz würde uns insbesondere eine systematischere Überprüfung der von Estelle *James* entwickelten Heterogenitätsthese erlauben. Vereinfacht gesagt beinhaltet diese These, daß die Größe des Nonprofit-Sektors mit dem Grad der sozialen, religiösen und sprachlichen Heterogenität von Gesellschaften variiert; außerdem wird davon ausgegangen, daß diese Heterogenität in einer Wechselwirkung zum Angebot an "religiösen Unternehmern" bzw. "Missionaren" steht, die danach drängen, eine spezialisierte Nachfrage zu erzeugen und zu befriedigen. James belegt diese These mit empirischen Befunden, die allerdings eher begrenzten Charakter aufweisen; um jedoch die Gesamtbedingungen besser bestimmen zu können, unter denen eine Wechselwirkung zwischen spezialisierter Nachfrage und wertorientiertem Unternehmertum stattfindet und wann nicht, müßten systematischere Untersuchungen durchgeführt werden.

Fragestellung 4: Nonprofit-Organisationen und Demokratie

Was das Verhältnis zwischen Nonprofit-Sektor und Demokratie anbelangt, so stehen wir noch am Anfang unserer Überlegungen, besonders in der Verbindung zwischen Nonprofit-Organisationen als politische Institutionen und dem demokratischen Prozeß. Dies beinhaltet Faktoren wie die Art des Wahlsystems (proportionale Repräsentation, direktes oder indirektes Mandat etc.), die Unterschiede zwischen Präsidial- und parlamentarischer Demokratie, föderale und nicht föderale Systeme und Unterschiede in der Machtverteilung zwischen Regierungsebenen, der Art des Parteiensystems und der gesetzgebenden Befugnisse des Kabinetts sowie die Beziehungen zwischen Kabinettsressorts (Ministerien) und der Hauptexekutive. *Weaver* und *Rockman* (1993:10-16) schlagen für analytische Zwecke eine Unterteilung demokratischer Systeme in drei institutionelle Ebenen vor. Entscheidend ist dabei, daß die erste Ebene grundlegende Parameter für Variationsbreiten auf der zweiten Ebene liefert, und die zweite Ebene in etwas geringerem Ausmaß Variationen auf der dritten Ebene Rechnung trägt.

Die erste Ebene bezieht sich auf die grundlegende Trennung zwischen Präsidial- und Parlamentssystemen. In Präsidialsystemen wird der Präsident unabhängig vom gesetzgebenden Organ gewählt, kann jenes nicht auflösen und amtiert für eine festgesetzte Zeitspanne. In der Parlamentsdemokratie wird der Regierungschef von der gesetzgebenden Versammlung gewählt und benötigt deren Vertrauen, um sich im Amt zu halten.

Die zweite Ebene bezieht sich auf die institutionellen Muster, die im jeweiligen System entstanden sind und umfaßt Regierungsformen wie z.B. das System der *checks and balances* in den USA; die Formen von Koalitionsregierungen in den Niederlanden, Deutschland oder Israel; die Formen der Einzelparteiregierung in Großbritannien, Kanada oder Australien, wo sich zwei Hauptparteien in die Mehrheitskontrolle des Parlamentes teilen; und die Dominanz einer einzelnen Partei, die über lange Zeiträume regiert, wie bis vor kurzem in Japan und Schweden.

Abbildung 2: Demokratische Institutionen und die Rolle von Non-Profit Organisationen

Ebene	Institutionelle Faktoren	Rolle des Nonprofit-Sektors
Erste Ebene:	Präsidales versus parlamentarisches System	Größere Rolle in präsidialen Systemen; Zugang eher begrenzt in parlamentarischen Systemen;
Zweite Ebene:	Regime- und Regierungstypus	Primär Lobbying und Interessenvertretung; Privilegierter Zugang bestimmter Gruppen;
Dritte Ebene:	Rahmenbedingungen und andere institutionelle Faktoren;	Zivilgesellschaft und Dritter Sektor; Bedeutung als Dienstleistungssektor; Religion; sonstige Interessen und Wertesysteme.

Die dritte Ebene betrifft den breitgespannten institutionellen Rahmen, d.h. institutionelle Merkmale, die die Charakteristika der zweiten Ebene modifizieren, verfeinern und verbreitern. Von besonderer Bedeutung ist dabei die Art und Funktion der rechtlichen Überprüfung der ausführenden und gesetzgebenden Regierungsressorts (die herausragende Position des Parlamentes innerhalb des Westminster-Modells gegenüber der Rolle der Verfassungsgerichte in den USA und in Deutschland); der Grad von Föderalismus, Kooperation und Wettbewerb zwischen den verschiedenen Regierungsebenen, und die relative Autonomie und Macht der öffentlichen Verwaltung gegenüber demokratisch gewählten Regierungen.

Dies bedeutet mit anderen Worten, daß die zweite Ebene in die erste eingebettet ist, und die dritte in die zweite. Dies erlaubt bessere Vergleichsmöglichkeiten im Hinblick auf Gemeinsamkeiten und Unterschiede zwischen Demokratien, wenn wir davon ausgehen, daß demokratische Regierungen nur in begrenztem Ausmaß in sich gegenseitig ausschließende und voneinander getrennte Kategorien eingeteilt werden können; ihre Klassifikation ähnelt vielmehr einem Dendrogramm, das viele Überlappungen und Kreuzungen aufweist.

Um dies zu erläutern, wollen wir kurz die USA, Großbritannien und Deutschland als illustrative Beispiele heranziehen. Die USA scheint durch ein relativ schwaches politisches Zentrum gekennzeichnet zu sein, um das vielfältige Untersysteme von unterschiedlichen und sich überlappenden Koalitionen kreisen. In Großbritannien gibt es ein klares und sehr stabiles politisches Zentrum und wenige wichtige Untersysteme, die nicht direkt an Downing Street und Whitehall orientiert und in deren Nähe angesiedelt sind. In Deutschland stellen Bonn und zunehmend auch Berlin zwar das Zentrum der politischen Macht dar, aber sie sind in dieser Hinsicht viel weniger exklusiv als London. Die einzelnen Länder haben Einspruchsrecht im Bundesrat, sie haben großen Einfluß auf das politische Geschehen, und in gewisser Weise stellen einige Länderhauptstädte Bonn im Kleinformat dar. In dieser Hinsicht ist das deutsche Modell zwischen dem schwachen Zentrum der USA und der zentralisierten Regierung in Großbritannien angesiedelt.

Welche Rolle spielen Nonprofit-Organisationen? Die kurze Antwort, daß dies von verschiedenen Faktoren abhängt, trägt wenig zur Klärung bei, während eine lange Antwort auf diese Frage den wichtigsten Punkt der Forschungsagenda anspricht, nämlich in welcher Wechselwirkung Nonprofit-Organisationen mit demokratischen Institutionen stehen. Wie aus Abbildung 2 hervorgeht, wird diese Frage am besten für jede Ebene gesondert behandelt. Hinsichtlich der ersten Ebene gibt es Belege, daß der Zugang von Interessengruppen zu staatlichen Stellen in Präsidialdemokratien offener und ihr Einfluß stärker ist (*Heclo*, 1978). Schwache Parteistrukturen und die Verteilung von Macht eröffnen viele mögliche Zugangswege zum gesetzgeberischen Prozeß - und nicht nur für Nonprofit-Organisationen. Zwar entwickeln sich in der Regel starke Verbindungen zwischen Interessengruppen, öffentlichen Stellen und Parlamentsausschüssen, sie tendieren aber dazu, auf spezifische Fragestellungen oder Maßnahmen konzentriert zu sein und gründen weniger

auf langfristigen politischen Allianzen, wie dies insbesondere in sozial-
und christdemokratischen Systemen der Fall ist.

Im Vergleich mit allen anderen Regierungsformen minimieren
Demokratien politischen Zwang und maximieren Konsensfindung, auch
wenn sie, wie *Diamond* (1993:95) annimmt, mit "eingebauten
Paradoxien" konfrontiert sind. Ein solches Dilemma ist der Widerspruch
zwischen Konsens und Effizienz. Auch wenn autokratische Regierungsformen unpopuläre, aber notwendige Maßnahmen und Reformen oft
leichter durchführen können, während Demokratien sich dabei oft
schwerer tun, so ist ihre ökonomische Leistung dennoch nicht
schlechter als die von Autokratien. Gleichzeitig funktionieren
Demokratien als Wirtschaftssysteme aber nicht notwendigerweise
besser. *Diamond* nimmt an, daß die tatsächlichen wirtschaftspolitischen
Maßnahmen und die Art und Weise ihrer Durchsetzung in Demokratien
einen entscheidenden Faktor darstellen. Da dies sowohl öffentliche wie
private Institutionen betrifft, können wir sinnvollerweise die von
Nonprofit-Organisationen ausgeübte Funktion durch ihren Beitrag zu
Leistungsfähigkeit und Konsensbildung betrachten - wobei diese
Fragestellung von besonderer Bedeutung für diejenigen Demokratien
ist, die eine wirtschaftliche Neuordnung durchlaufen.

Das zweite Dilemma bezieht sich auf die Spannung zwischen Repräsentativität und Regierungsfähigkeit. Da die Fähigkeit zu regieren
zumindest ein Minimum an Machtkonzentration voraussetzt, kann dies
leicht den Grad der Partizipation und das Ausmaß der öffentlichen Beteiligung an Entscheidungen negativ beeinflussen. Ein mögliches Ergebnis dieses Dilemmas ist eine Lücke in der Verantwortlichkeit der Regierung. Demokratietheoretiker schlagen vor, daß eine starke bürgerliche Gesellschaft diese Lücke schließen kann. Insbesondere enge
Netzwerke zwischen freiwilligen Vereinigungen können eine Ergänzung
zu den politischen Parteien darstellen und eine wichtige Rolle bei der
Erhöhung der Repräsentativität von politischen Beschlüssen spielen.
Demgegenüber gehen Kritiker wie *Olson* (1982) davon aus, daß die
vermehrte Präsenz von Interessenverbänden und Lobby-Gruppen zur
"Unregierbarkeit" moderner Gesellschaften beiträgt und den politischen

Entscheidungsprozeß erstickt. Trägt die Zunahme von Nonprofit-Organisationen in Brüssel und Straßburg zur europäischen Demokratie oder zur potentiellen Unregierbarkeit der Union bei? Oder: Wurde das zumindest vorläufige Scheitern der Clinton'schen Gesundheitsreform nicht erst durch den massiven Eingriff privater Interessen auf öffentliche Belange in der Form von Nonprofit-Organisationen möglich gemacht?

Zum Schluß sei noch kurz das Dilemma zwischen Konflikt und Kooperation erwähnt. Konkurrenz um die politische Macht wird im allgemeinen als wesentliches Element der Demokratie angesehen, allerdings muß die Wettbewerbskomponente in Grenzen gehalten, gezügelt und institutionalisiert werden. Mit den Worten von *Diamond* (1993:96): "Demokratie braucht Konflikte - aber nicht zu viele ... Spaltung muß durch Konsens vermieden werden." Es stellt sich dann die Frage, in welchem Ausmaß Nonprofit-Organisationen zum Konfliktausgleich innerhalb der von *Diamond* angestrebten, klar definierten und akzeptierten Grenzen beitragen oder ob sie tatsächlich Spaltungen in der Gesellschaft vorantreiben, ja sogar diese erst als solche bewußt machen und auf den politischen Markt tragen.

Abschließende Bemerkungen

Wenn die Forschung über Nonprofit-Sektoren weiter an Beachtung gewinnt wie bisher - und allem Anschein nach wird dies so sein -, dann müssen wir das gesamte Feld neu bewerten, um über die frühen theoretischen Errungenschaften der Anfangszeit hinauszugelangen. Statt einer flüchtigen Berufung auf diese "frühen" Theorien und ihre Interpretation (und zuweilen auch ihre Fehlinterpretation) sollten wir sie im Licht der in den letzten beiden Jahrzehnten geleisteten empirischen Arbeiten betrachten. Dies wird dann wahrscheinlich nicht zu einer einzigen, allgemeinen Theorie von Nonprofit-Organisationen führen; viel eher werden wir zu der Einsicht gelangen, daß die Unterschiede zwischen Nonprofit-Sektoren in Wirklichkeit verschiedene Theorien und Ansätze erfordern, um dem zunehmend komplexen institutionellen Aufbau moderner Gesellschaften gerecht zu werden.

Die internationale und vergleichende Forschung zur Beziehung zwischen Nonprofit-Organisationen und den Formen ihrer jeweiligen politischen und institutionellen Umwelt steht noch am Anfang. *DiMaggio* und *Anheier* (1990:153) besprechen Teile dieser Literatur und zeigen auf, daß Nonprofit-Organisationen oft gleichzeitig als Garant für Pluralismus *und* Minderheitspräferenzen, *aber auch* als Hüter von Privilegien für Eliten beschrieben werden; als außerhalb der eigentlichen Regierung arbeitende Elemente der Demokratie *und* als autokratische Kontrollen; als Quellen von Innovation *und* Lähmung und als Instrumente *und* Konkurrenten der jeweiligen Regierung. Wir schlagen vor, daß sich die Forschung verstärkt darum bemühen sollte, diese Argumente und Schlußfolgerungen neu zu formulieren, um ihren empirischen Wert für internationale Vergleiche einzuschätzen. Hier gilt das gleiche wie in den Sozialwissenschaften überhaupt: wenn empirische Forschungsarbeiten vermehrt mit widersprüchlichen Ergebnissen aufwarten, müssen wir innehalten und überlegen, ob wir die richtigen Fragen mit der ihnen angemessenen Spezifikation und möglichen Überprüfbarkeit stellen. Der vorliegende Artikel hat versucht, in dieser Hinsicht vier Fragestellungen aufzuwerfen, die als Bezugspunkte bei der Entwicklung und Überprüfung von Theorien über den Nonprofit-Sektor dienen können.

Literaturhinweise

Helmut K. Anheier, Gabriel Rudney, and Lester M. Salamon. "The Nonprofit Sector and the United Nations System of Accounts: Country Applications of SNA Guidelines." *Voluntas* 4(4) (1993): 486-501.

Bauer, Rudolph. "Intermediäre Hilfesysteme personenbezogener Dienstleistungen in zehn Ländern." In *Verbandliche Wohlfahrtspflege im internationalen Vergleich*, edited by R. Bauer and A. Thränhardt, pp. 9-30. Opladen: Westdeutscher Verlag, 1987.

BenNer, Avner and Theresa van Hoomissen. "Nonprofit organizations in a mixed economy: a demand and supply analysis." *Annals of Public and Cooperative Economics* 62(4) (1991): 519-550.

Committee on National Statistics. "The not-for-profit sector of the economy: measurement an presentation in federal statistics," edited by Courtenay M. Slater and Martin H. David. *Voluntas* 4(4) (1993): 419-444.

Diamond, Larry. "Three Paradoxes of Democracy." In *The Global Resurgence of Democracy*, edited by Larry Diamond and Marc F. Planter, pp. 95-107. Baltimore: The Johns Hapkins University Press, 1993.

DiMaggio, Paul. and Helmut K. Anheier. "The Sociology of Nonprofit Organizations." *Annual Review of Sociology* 16 (1990): 137-159

Giddens, A. *The Consequences of Modernity.* Stanford: Stanford University Press, 1990.

Hansmann, Henry. "Economic Theories of Nonprofit Organizations." In *The Nonprofit Sector: A Research Handbook*, edited by Walter W. Powell. New Haven: Yale University Press, 1987.

Hansmann, Henry. "The Economic Role of Commercial Nonprofits: The Evolution of the Savings Bank Industry." In *The Third Sector Comparative Studies of Nonprofit Organizations,* edited by Helmut K. Anheier and Wolfgang Seibel, pp. 65-76. Berlin, New York: Walter de Gruyter, 1990.

Heclo, Hugh. "Issue Networks and the Executive Establishment." In *The New American Political System*, edited by Anthony King, pp. 87-124. Washington, DC: American Enterprise Institute, 1978.

James, Estelle. "Comment," in *The Economics of Nonprofit Institutions: Studies in Structure an Policy*, edited by Susan Rose-Ackerman, pp. 154-158. New York: Oxford University Press, 1986.

James, Estelle. "Why do Different Countries Choose a Different Public-Private Mix of Educational Services?" Mimeograph. The World Bank, 1992.

Krashinsky, M. "Transaction costs and a theory of the nonprofit sector." In *The Economics of Nonprofit Institutions: Studies in Structure and Policy*, edited by Susan Rose-Ackerman, pp. 114-132. New York: Oxford University Press, 1986.

Olson, Mancur. *The Rise and Decline of Nations*. New Haven: Yale University Press, 1982.

Posnett, J. and T. Sandler. "Transfers, transaction costs and charitable intermediaries." *International Review of Law and Economics* 8 (1988): 145-160.

Powell, Walter W. and Paul DiMaggio, eds. *The New Institutionalism in Organizational Analysis* Chicago: University of Chicago Press, 1991.

Rose-Ackerman, Susan. *The Economics of Nonprofit Institutions*. Oxford: Oxford University Press, 1986.

Salamon, Lester M. and Helmut K. Anheier. "In Search of the Nonprofit Sector I: The Question of Definitions." *Voluntas* 3(2) (1992): 125-161.

Salamon, Lester M. and Helmut K. Anheier. "The Nonprofit Sector Cross-Nationally: Types and Patterns." In *Researching the Voluntary Sector*, edited by Susan Saxon-Harrold and Jeremy Kendall, pp. 147-163. Tonbridge, UK:Charities Aid Foundation (1994).

Steinberg, Richard and Bradford H. Gray. " 'The Role of Nonprofit Enterprise,' in 1993: Hansmann Revisited." *Nonprofit and Voluntary Sector Quarterly* 22(4) (1993): 297-316.

United Nations. *System of National Accounts 1993*. New York: United Nations Secretariat (ST/ESA/STAT/SER.F/2/Rev.4), 1993.

Weaver, Kent and Bert A. Rockman, eds. *Do Institutions Matter?* Wahington, DC: The Brookings Institution, 1993.

Weisbrod, Burton. "Company Behavior of For-Profit and Nonprofit Organizations: Does Institionional Form Matter?" Presentation at Center on Philanthropy, Indiana University, November 1993.

Young, Dennis. *If Not For Profit, For What?* Lexington, MA: D.C. Health, 1983.

Zerubavel, Eviatar. *The Fine Line.* Chicago: University of Chicago Press, 1991.

Einige wissenschaftstheoretische Randbemerkungen zur NPO-Forschung

Antonin WAGNER, Zürich

1. Problemstellung

Der neudeutsche Ausdruck "Nonprofit-Organisationen" (NPO), der in der vorliegenden Tagungsdokumentation Verwendung findet, bezeichnet nur einen Teilbereich des am Freiburger Forschungskolloquium behandelten Themenkomplexes. Im angelsächsischen Sprachraum wird für den noch relativ jungen Forschungszweig der "NPO-Forschung" auch etwa die Bezeichnung "philanthropic research" oder "voluntary action research" verwendet. Als "voluntary action" im weitesten Sinn werden gesellschaftliche Phänomene und Bürgeraktivitäten bezeichnet, die nicht staatlich geregelt (statutory), aber auch nicht marktmässig gesteuert sind. Dazu gehören vor allem die freiwillige Mitarbeit in quasi-öffentlichen (nicht nur karitativen) Einrichtungen und philanthropisch oder altruistisch motivierte Leistungen in Form von Spenden.

Beide Arten von "voluntary action" spielen in den USA seit jeher eine wichtige Rolle, wie etwa A. *de Tocquevilles* Klassiker über die Demokratie in Amerika [1835-1840] zeigt. In Europa gewinnt der Ausdruck "voluntary action" an Bedeutung, seit ihn Lord *Beveridge* in seinem 1948 erschienenen sozialreformerischen Bericht "Voluntary Action. A Report on Methods of Social Advance" verwendet hat. In einem Kommentar zu diesem Werk wirft der englische Soziologe T.H. *Marshall* die wissenschaftstheoretische Frage auf, ob denn "voluntary action" als Forschungsgegenstand wissenschaftlichen Methoden überhaupt zugänglich sei. *Marshall* ist der Auffassung, dass der menschliche Verstand angesichts des Untersuchungsgegenstandes von "voluntary action" oder philanthropisch motiviertem Handeln leicht ins Schwärmen gerät. "Instinct tries to reason, and as often as not becomes lost in a maze from which it can only escape by jumping the hedges, born on the wings of irrational faith and illogical conviction" (*Marshall*, 1965: 345).

Diese wissenschaftstheoretische Randbemerkung *Marshalls* hat die folgende Untersuchung inspiriert. Es geht hier um die Frage, wo die Abgrenzung zwischen Vernunft und Glaube, d.h. die Trennungslinie zwischen Wissenschaft und Nichtwissenschaft zu ziehen ist. Angesprochen ist somit das klassische Demarkationsproblem der Wissenschaftstheorie.

2. Das Demarkationsproblem der Wissenschaftstheorie

In der Frage der Abgrenzung zwischen Wissenschaft und Nichtwissenschaft lassen sich drei wissenschaftstheoretische Positionen unterscheiden: die Wissenschaftsauffassung des logischen Positivismus, der kritische Rationalismus von K. *Popper* und der amerikanische Pragmatismus von T.S. *Kuhn*.

Wohl am radikalsten löst der **logische Positivismus** die Abgrenzungsfrage der Wissenschaftstheorie. Typisch für dieses Wissenschaftsverständnis ist die Kritik am Induktionismus. Induktion als Erkenntnisprinzip, d.h. die Übertragung vergangener Ereignisse in die Zukunft, kann nicht zur Erkenntnis führen. Wissenschaftliche Erkenntnis ist nur möglich, wenn von der Gegenwart in die Vergangenheit zurückgedacht wird. Wissenschaftliche Erklärungen sind demnach nichts anderes als "rückwärts geschriebene Vorhersagen". Das hypothetisch-deduktive Erklärungsmodell, wie es in den Naturwissenschaften, vor allem in der Physik, Anwendung findet, stellt demnach die einzig anerkannte Methodik der Wissenschaft und die einzig gültige Logik der Forschung dar (*Hempel* und *Oppenheim*, 1948). Die Methodik der richtigen Wissenschaft besteht darin, Hypothesen zu entwickeln, aus denen Ereignisse abgeleitet werden können, die empirischer Verifikation unterzogen werden müssen (Verifikationsprinzip). Da Werturteile einer empirischen Überprüfung nicht zugänglich sind, stellen sie nicht Bestandteil wissenschaftlicher Erklärungsvorgänge dar (Werturteilsfreiheit). Damit scheiden die meisten sozialwissenschaftlichen Disziplinen - nicht zuletzt auch die NPO-Forschung - aus dem Bereich der Wissenschaft aus.

Etwa 10 Jahre nachdem *Hempel* und *Oppenheim* in ihren "Studies of the Logic of Explanation" (1948) glaubten, das Demarkationsproblem der Wissenschaftstheorie gelöst zu haben, ist das schon 1934 auf Deutsch erschienene Werk von Karl *Popper* "Die Logik der Forschung" auf Englisch unter dem Titel "The Logic of Scientific Discovery" (1959) publiziert worden. In diesem Werk schliesst sich *Popper* zwar der Auffassung des logischen Positivismus an, dass das hypothetisch-deduktive Erklärungsmodell die einzige anerkannte Wissenschaftsmethodik darstelle. In einem anderen wichtigen Punkt aber unterscheidet sich *Poppers* als **kritischer Rationalismus** bezeichnete Auffassung über Wissenschaft von dem, was man in den vierziger Jahren als die "Received View on Theories" (*Suppe*, 1974) bezeichnet hat. Kern des Prozesses der Wissenschaft ist nicht, wie der logische Positivismus behauptet, die Verifikation der von Hypothesen hergeleiteten Ereignisse (Verifikationsprinzip). Noch so viele weisse Schwäne rechtfertigen die Aussage nicht, dass alle Schwäne weiss sind; ein einziger schwarzer Schwan hingegen reicht, um die Aussage zu widerlegen. Der wissenschaftliche Weg der Erkenntnis besteht somit darin, Hypothesen zu entwickeln, aus denen Ereignisse abgeleitet werden können, die nicht eintreten dürfen, wenn die Hypothesen stimmen. Dieses sog. Falsifikationsprinzip ist das Prinzip der Rationalität schlechthin. Es bildet die Demarkationslinie zwischen Wissenschaft und Nichtwissenschaft, das Abgrenzungskriterium, das den Garten der Vernunft von der Wildnis des Bewusstseins scheidet (*Nordhofen*, 1994: 71).

Popper vertritt mit seinem kritischen Rationalismus eine evolutionäre Erkenntnistheorie, die im wesentlichen besagt, dass wir die Wahrheit nur von unseren Irrtümern lernen. Der Wissenschafter soll nach der Wahrheit streben, obwohl er weiss, dass er nichts anderes herleiten kann, als immer besser bestätigte Hypothesen. Einer der wichtigsten

Sätze *Poppers* lautet: "Lasst Theorien sterben anstatt Menschen" (*Nordhofen*, 1994: 70). *Popper* wendet sich damit gegen jegliche Form von Fundamentalismus und visiert die Arroganz vieler Wissenschaftler, die sich schon immer im Besitz der Wahrheit wähnen. Die Demarkationslinie zwischen Wissenschaft und Nichtwissenschaft lässt sich nicht dogmatisch festlegen. Vielmehr besteht der Wissenschaftsbetrieb in einem Selektionsprozess, in dem nur jene Hypothesen überleben, welche die härtesten Bedingungen erfüllen. *Poppers* kritischer Rationalismus befreit damit die NPO-Forschung von den Fesseln einer fundamentalistischen Wissenschaftsauffassung, wie sie etwa die neoklassische Ökonomie vertritt und eröffnet dem jungen Forschungszweig neue wissenschaftstheoretische Perspektiven.

In den sechziger Jahren erfährt der dogmatisch-normative Ansatz des logischen Positivismus, mittels des Verifikationsprinzips die Wissenschaft als Garten der Vernunft vom unlogischen Empfinden abzugrenzen, eine weitere Herausforderung. In seinem Buch "The Structure of Scientific Revolutions" (1962, 1970) vertritt Thomas S. *Kuhn* die Auffassung, dass der Wissenschaftsbetrieb nicht zuletzt ein gesellschaftliches und historisches Phänomen darstelle, das es zu beschreiben, statt normativ zu definieren gelte. Damit vertritt *Kuhn* einen **wissenschaftstheoretischen Pragmatismus**, der in der Auffassung zum Ausdruck kommt, dass wissenschaftliche Erkenntnis vor allem der Lösung von theoretischen und praktischen Problemen dient. Problemlösungsverfahren werden dabei innerhalb einer Gruppe oder einer "scientific community" vorangetrieben, so dass der Wissenschaftsbetrieb Öffentlichkeitscharakter hat. Eine "scientific community" entwickelt ihre eigenen Hypothesen oder Gesetzmässigkeiten und postuliert nicht zuletzt auch Wertvorstellungen. Sie definiert die zulässigen Analogien, Metaphern und symbolischen Verallgemeinerungen und erprobt ihre "exemplars" oder exemplarischen Lösungsansätze. Alle diese Elemente konstituieren das, was *Kuhn* in der ersten Ausgabe seines Buches (1962) ein "wissenschaftliches Paradigma" nennt und was er im Postskript zur zweiten Auflage (1970) als "disziplinäre Matrix" bezeichnet.

Kuhn löst das Demarkationsproblem der Wissenschaftstheorie nicht auf normative, sondern auf deskriptive Weise. Der Wissenschaftsbetrieb wird als gesellschaftlich und gemeinschaftlich organisiertes Verfahren verstanden, das aufgrund einer disziplinären Matrix Problemlösungen entwickelt. In diesem Sinn kann auch der NPO-Forschung eine disziplinäre Matrix zugeordnet werden. Im folgenden Abschnitt soll die disziplinäre Matrix der NPO-Forschung dargestellt werden.

3. Die disziplinäre Matrix der NPO-Forschung

Auf den ersten Anhieb erscheint die disziplinäre Einbindung der NPO-Forschung kaum als Problem. NPO-Forscher gehören im allgemeinen anerkannten wissenschaftlichen Disziplinen, wie etwa der Politologie, der Betriebswissenschaft, der Ökonomie oder der Soziologie an. Die der NPO-Forschung zugrunde liegende disziplinäre Matrix kann jedoch auf keine dieser im Wissenschaftsbetrieb verankerten Fachbereiche reduziert werden, da sie auf symbolischen Verallgemeinerungen und exemplarischen Lösungsansätzen basiert, die in den erwähnten Fachdisziplinen mindestens teilweise umstritten sind oder ausgeklammert werden.

NPO-Forschung befasst sich im weitesten Sinn mit menschlichem Handeln. Sofern dieses Handeln in einem gesellschaftlichen Kontext stattfindet, kann es durch eine bestimmte Trägerstruktur oder bestimmte Organisationsformen gekennzeichnet werden. Die Bezeichnung "nonprofit" benennt eine solche Trägerstruktur. Menschliches Handeln ist ferner auf ein Ziel hin orientiert und kann somit auch von der Motivationsstruktur her charakterisiert werden. "Voluntary action" bezeichnet eine solche Motivationsstruktur. Menschliches Handeln stellt damit ein zweidimensionales Phänomen mit einer je typischen Träger- und Motivationsstruktur dar. Im Spannungsfeld dieser beiden Dimensionen definiert die NPO-Forschung die für ihre disziplinäre Matrix oder ihr Paradigma typischen Metaphern und exemplarischen Lösungsansätze. Die Metaphern beziehen sich vor allem auf die Trägerstruktur menschlichen Handelns, während die exemplarischen Lösungsansätze an die Motivationsstruktur dieser Handlungen anknüpfen.

a) Metaphern zur Charakterisierung der Trägerstrukturen menschlichen Handelns im Paradigma der NPO-Forschung

Die meisten mit der NPO-Forschung verknüpften sozial- und humanwissenschaftlichen Disziplinen verstehen das gesellschaftliche Beziehungsgeflecht als Austausch zwischen Individuen und beruhen daher letztlich auf der Metapher des Marktes als symbolischer Verallgemeinerung organisierter Tauschbeziehungen. Am extremsten trifft dies natürlich auf die neoklassische Ökonomie zu, die bekanntlich nicht nur die Produktion und den Konsum von Gütern, sondern auch andere Formen menschlichen Verhaltens, wie beispielsweise die Fortpflanzung oder das Heiratsverhalten als marktmässige Transaktion versteht. Nach neoklassischer Auffassung beruht die menschliche Gesellschaft auf einer Myriade individueller Austauschbeziehungen.

Es ist aber fraglich, ob sämtliche gesellschaftliche Phänomene im Sinne einer symbolischen Verallgemeinerung auf marktmässig organisierte Transaktionen reduziert werden können. Die Entstehung staatlicher Gebilde etwa kann kaum als Tauschvorgang verstanden werden. Steuern beispielsweise werden von den Bürgern zwangsweise entrichtet und stellen kein kostenäquivalentes Entgelt für vom Staat erhaltene Leistungen dar. Umgekehrt versorgt der Staat im Bereich des Gesundheits-, Bildungs- und Sozialwesens seine Bürger nicht aufgrund von monetären Vorleistungen, sondern in Berücksichtigung der vorhandenen Bedürfnisse mit öffentlichen Gütern. Staatliche Gemeinschaft ist somit geprägt von Transaktionen des Nehmens und Gebens und hat mehr mit Schenken und Beschenktwerden, als mit marktmässig organisierten Austauschbeziehungen zu tun. Das ist auch der Grund, dass nicht Vorteilsdenken und individuelle Nutzenüberlegungen, sondern nur eine beträchtliche Portion Zwang staatliche Gemeinschaften zusammenhalten kann.

Die ursprünglich in den USA entwickelte NPO-Forschung lokalisiert ihren Untersuchungsgegenstand zwischen den mit den Metaphern des Marktes und des Staates bezeichneten Bereichen. Die typischen

Nonprofit-Organisationen werden somit in ihrem Verhältnis zum Markt oder zum Staat verstanden. Im Verhältnis zum Markt korrigieren Nonprofit-Organisationen gewisse Formen des Marktversagens, wie sie etwa in asymmetrischen Tauschbeziehungen oder Vertragsmängeln (contract failure) zum Ausdruck kommen. Im Verhältnis zum Staat erfüllen Nonprofit-Organisationen die Aufgabe, den überforderten öffentlichen Trägern unter die Arme zu greifen. Der Staat hat die Tendenz, sich bei der Ausgestaltung seines Angebotes nach dem sog. Medianwähler, also nach dem Durchschnitt zu richten, so dass Minderheiten oft zu kurz kommen. Diese Minderheiten behelfen sich damit, dass sie ihre eigenen, quasi-öffentlichen Träger errichten, nicht zuletzt indem die Angehörigen der Minderheit freiwillig Geld und Arbeit zur Verfügung stellen, statt dem Staat zwangsweise Steuern zu entrichten.

In beiden Fällen des Marktversagens und des Staatsversagens werden Nonprofit-Träger als gegenüber gewinnorientierten oder staatlichen Trägern effizientere Organisationsformen des sozialen Verhaltens, des Helfens, des "Gutes tun für andere" verstanden. Noch relativ wenig verankert ist in der klassischen Tradition der NPO-Forschung der Gedanke, dass man sich sozial verhalten kann, nicht nur indem man andern, sondern auch indem man gemeinsam Gutes tut. Diese Form gesellschaftlicher Beziehungen, die vor allem in territorialen und funktionalen Gemeinden, aber auch in Genossenschaften, sozialen Bewegungen und anderen organisatorischen Formen solidarischen Handelns zum Ausdruck kommt, könnte im Sinne einer symbolischen Verallgemeinerung mit der Metapher der "Allmend" ausgedrückt werden. In seinem Buch "The Commons - New Perspectives on Nonprofit Organizations and Voluntary Action" hat *Lohmann* (1992) diese neuen Perspektiven amerikanischer NPO-Forschung zur Diskussion gestellt (vgl. auch *Wagner*, 1991).

Der *Kuhn*'sche Begriff der Metapher entspricht dem, was *Zerubavel* (1991) als "Bedeutungsinsel" oder island of meaning bezeichnet hat. "Bedeutungsinsel" ist ein kognitives Konzept, das als gleich empfundene Objekte sinngebend miteinander verbindet, um Erkennen und Kommunikation zu erleichtern (vgl. den Aufsatz von *Anheier* in diesem

Band). Die einseitige Ausrichtung auf den Markt und den Staat als die beiden archetypischen Metaphern gesellschaftlicher Transaktionen dürfte der Hauptgrund dafür sein, dass der Begriff des Nonprofit-Sektors in der NPO-Forschung bisher nicht zu einer Bedeutungsinsel geworden ist. Bedingt durch die Internationalisierung und nicht zuletzt durch den Einbezug der Drittweltländer in die NPO-Forschung zeichnet sich gegenwärtig aber ein Paradigmawechsel ab. Die mit der Bedeutungsinsel "Allmend" bezeichneten Formen kommunitarischen Handelns treten vermehrt in das Blickfeld der NPO-Forschung. Bereits hat sich in den USA mit der kommunitarischen Bewegung ein wissenschaftlich fundierter Forschungszweig mit eigener Zeitschrift (The Responsive Community) gebildet. Als Folge dieser Entwicklung sollte auch die Genossenschaftsforschung sowie die Bewegungs-, Vereins- und Kommunalforschung in die NPO-Forschung integriert werden. Auch die in der Sozialarbeitswissenschaft verankerten Handlungsansätze des "Community Development", die nicht zuletzt für die Drittweltländer von Interesse sind, müssen der NPO-Forschung zugänglich gemacht werden.

b) Exemplarische Lösungsansätze im Paradigma der NPO-Forschung

Ausgehend von der symbolischen Verallgemeinerung der Allmend als Metapher gemeinsamer Nutzung und gemeinsamen Tuns werden neuerdings im Rahmen der NPO-Forschung auch exemplarische Lösungsansätze für gesellschaftliche Probleme entwickelt, die in der an den klassischen sozialwissenschaftlichen Disziplinen orientierten Forschung vernachlässigt worden sind. Das zeigt sich insbesondere bezüglich der Frage, was Individuen dazu bewegt, sich nicht nur als einzelne Konsumenten und Produzenten zu verhalten, sondern sich in Gruppen zusammenzuschliessen und somit kollektiv (statt nur individuell) zu handeln. Die (neo)klassische Antwort auf diese Frage lautet, dass Menschen nur kollektiv handeln, wenn sie entweder dazu gezwungen werden oder wenn ein Nutzen aus der Gruppenzugehörigkeit resultiert, der nur denjenigen Gruppenmitgliedern zukommt, die bereit sind, die organisatorischen und finanziellen Kosten der

Gruppentätigkeit zu tragen. Freiwillige Kollektive haben somit nur dann Bestand, wenn (finanzielle) Ausschlussmechanismen (Vereinsmitgliedschaft, Klubmitgliedschaft) gewährleisten, dass Trittbrettfahrern der Zugang verschlossen bleibt.

In Anlehnung an diese (neo)klassische Logik des kollektiven Handelns hat sich denn auch die NPO-Forschung in der Vergangenheit eher mit dem Verbands- und Klubwesen als mit dem Genossenschaftswesen, der Bewegungsforschung, oder Strategien des "community development" auseinandergesetzt. Erst allmählich, und wiederum im Zuge der Intensivierung internationaler Kontakte, ist die NPO-Forschung zur Erkenntnis gelangt, dass es bisher nicht berücksichtigte Formen kollektiven Handelns gibt. Diese neuen Formen kollektiven Handelns sind weder rein zwangsgeleitet noch ausschliesslich nutzenorientiert, sondern beruhen auf gemeinsamen Normen und Wertvorstellungen. Im Gegensatz zu den von nutzenorientierten Gruppen, vermarkteten privaten Gütern oder von staatlichen Gemeinschaften verwalteten öffentlichen Gütern stellen Normen und Wertvorstellungen eine Art geistige Güter dar, von denen es nicht weniger und weniger gibt, wenn sich mehr und mehr Menschen daran beteiligen. So gibt es nicht weniger Frieden, wenn neue Mitglieder einer Friedensbewegung beitreten, noch gibt es weniger Lebensqualität, wenn sich mehr und mehr Menschen ökologisch bewusst verhalten. Normengeleitetes kollektives Handeln führt zur Entstehung inklusiver Gruppen, die besser als exklusive Gruppen oder Zwangsgemeinschaften zu den für das Überleben unserer Gesellschaft wohl wichtigsten Gütern wie Friede und Umwelt Sorge tragen. Damit wird inklusives kollektives Handeln zu einem neuen Exemplar oder exemplarischen Verfahren zur Lösung einiger der bedrohlichsten gesellschaftlichen Probleme unserer Zeit.

4. Der Öffentlichkeitscharakter der NPO-Forschung

Die NPO-Forschung zeichnet sich nicht nur aufgrund der für sie typischen disziplinären Matrix mit ihren Metaphern und exemplarischen Lösungsansätzen als wissenschaftliche Methode aus. Auch der

Öffentlichkeitscharakter des Forschungsbetriebes trägt zur Etablierung der NPO-Forschung als wissenschaftlicher Disziplin bei. Zum einen gewährleistet Öffentlichkeit, dass die sozialwissenschaftliche Disziplin der NPO-Forschung im Sinne des von *Lindblom* (1979) erhobenen Postulates "usable knowledge" entwickelt und gesellschaftlich relevante Ergebnisse liefert. Zum andern ermöglicht der Öffentlichkeitscharakter der NPO-Forschung eine Kontrolle des Forschungsbetriebes. Kontrolle ist hier von besonderer Bedeutung, weil die als Untersuchungsgegenstand dienenden Nonprofit-Organisationen auch als Auftraggeber und Geldgeber der Forschungstätigkeit in Erscheinung treten (*Hall*, 1993).

Sowohl die Kontrolle durch die Öffentlichkeit, als auch die Relevanz der Forschung für die Öffentlichkeit wird erleichtert, wenn der Forschungsbetrieb von Forschungsgesellschaften getragen wird. Allerdings betreiben Forschungsgesellschaften sehr oft eine Politik, die weder dem Anliegen der Kontrolle durch die Öffentlichkeit dient, noch bestrebt ist, die Forschung in den Dienst der Öffentlichkeit zu stellen. Schon *Popper* hat beklagt, dass die Praxis der Forschung oft protektionistisch organisiert ist und zunftmässig zu erstarren droht. "Zünftige" Forscher neigen zu einer prätentiösen Sprache und gebrauchen einen eigenen Jargon, der zum Ziel hat, die Zugehörigkeit zu einer "scientific community" zu bekunden. Der Nutzen solcher Wissenschaftszünfte liegt einzig in der gegenseitigen Bestätigung der Forscher und keineswegs im Dienst an der Öffentlichkeit.

Im NPO-Bereich nimmt der Forschungsbetrieb bisher aber keine protektionistische Züge an. Vielmehr darf festgestellt werden, dass sich schon früh Forschungsgesellschaften gebildet haben, mit dem Ziel, einen transparenten und gesellschaftlich relevanten Forschungsbetrieb zu gewährleisten. Vor mehr als zwanzig Jahren wurde in den USA die "Association for Research on Nonprofit Organizations and Voluntary Action" (ARNOVA) gegründet. ARNOVA ist dafür besorgt, dass in dem an Bedeutung zunehmenden Bereich der NPOs und des nichtstaatlichen und nichtmarktlichen Handelns (voluntary action) Forschungsergebnisse und Theorieansätze über die Grenzen von Professionen und Disziplinen hinweg ausgetauscht werden. (*Smith*, 1972). 1972 wurde von den in ARNOVA zusammengeschlossenen Forschern das "Journal of Voluntary Action Research " (JVAR) gegründet, das 1989 in "Nonprofit and Voluntary Sector Quarterly" (NVSQ) umbenannt wurde (van Til, 1993). Dieses Journal hat sich zu einem wichtigen Kommunikationsinstrument entwickelt, das die Überprüfung von Forschungsergebnissen erleichtert und deren Anwendbarkeit gewährleistet.

Nachdem Bemühungen fehlgeschlagen haben, ARNOVA eine über den amerikanischen oder allenfalls angelsächsischen Sprachraum hinausreichende, mehr internationale Bedeutung zu geben, wurde 1992 nach einer mehrjährigen Vorbereitungsphase die "International Society for Third-Sector Research" (ISTR) gegründet. Seit 1993 erscheint ISTR als Herausgeberin der internationalen Fachzeitschrift "Voluntas". Auch ISTR betreibt eine offene Mitgliederpolitik, die einen Professionen und Disziplinen verbindenden Forschungsbetrieb gewährleisten und eine Plattform für den ungehinderten Austausch von Forschungsergebnissen bilden soll. ISTR versteht den Wissenschaftsbetrieb als evolutionären Prozess, der darin besteht, Hypothesen zu entwickeln und sie einer möglichst strengen Prüfung zu unterziehen. ISTR-Forscher beteiligen sich an der Theoriebildung im Sinne eines fortlaufenden Selektionsprozesses, in dem nur jene Konzepte bestehen, die sich am besten bewähren.

ISTR ist bestrebt, Kontrolle zu ermöglichen und Öffentlichkeit herzustellen, indem in einem zweijährigen Rythmus internationale Kongresse durchgeführt werden (Wagner, 1994). Im Rahmen dieser Kongresse gewährleistet eine an klaren Kriterien orientierte Auswahl von Kongressbeiträgen einen fairen Wettbewerb unter Forschern. Ferner sollen finanzielle Mittel bereitgestellt werden, mit dem Ziel, jüngere Forscher zu fördern und die Beteiligung von Vertretern der Drittweltländer und der neu entstandenen demokratischen Gesellschaften Osteuropas zu gewährleisten.

Eine besondere Aufgabe von ISTR liegt darin, zwischen den verschiedenen Paradigmata der NPO-Forschung zu vermitteln. Das vor allem in den USA und andern industrialisierten, hochentwickelten Ländern ver-

ankerte, an Organisationsformen und Trägerstrukturen orientierte Paradigma des dritten Sektors zwischen Staat und Markt muss dem auf die
Sinnfrage oder Motivation ausgerichteten Paradigma des Gemeinwohls
gegenübergestellt werden. Dieses Paradigma einer "zivilen Gesellschaft" oder "économie sociale" hat vor allem in Drittweltländern und den
neu entstandenen demokratischen Gesellschaften Osteuropas Bedeutung erlangt. Die Vermittlung zwischen Paradigmata stellt im allgemeinen keine Tätigkeit dar, die Wissenschaftler besonders gut beherr-
schen. Denn Vermittlung zwischen Paradigmata bedeutet, weder ein-
fache Kompromisse einzugehen noch Wertvorstellungen gegeneinan-
der auszuspielen. Vielmehr ist die Fähigkeit der Forscher gefordert,
hinter die eigene Position zurückzutreten und "das andere" auf sich ein-
wirken zu lassen.

Um die Funktion der Vermittlung wahrnehmen und Öffentlichkeit gewährleisten zu können, ist ISTR als Internationale Vereinigung von
NPO-Forschern darauf angewiesen, dass sich innerhalb des Dachver-
bandes einzelne thematisch und/oder nach Sprachregionen gegliederte
Gruppen besonders engagieren. ISTR begrüsst daher die Initiative des
Instituts für Verbands- und Genossenschafts-Management der Universität Fribourg in Zusammenarbeit mit dem Institut für Betriebswirtschaftslehre der gemeinwirtschaftlichen Unternehmen an der Universität Linz, ein internationales Kolloquium der deutschsprachigen NPO-
Forscher zu organisieren. Damit wird nicht nur sprachlich eine Brücke
geschlagen, sondern auch inhaltlich und thematisch ein Paradigma-
dialog in Gang gesetzt. Dieser Dialog unter Wissenschaftlern verleiht
der NPO-Forschung jene gesellschaftliche Öffentlichkeit, auf die eine
noch junge Forschungsdiziplin dringend angewiesen ist. Wie *Kuhn* im
Postskript zur zweiten Auflage seines Buches geschrieben hat, ist der
Wissenschaftsbetrieb wesensgemäss "the common property of a group
or else nothing at all" (1970: 210). Oder anders ausgedrückt: Der Wissenschaftsbetrieb muss öffentlich sein, wenn er gesellschaftlich relevant
sein soll.

Literaturangaben

Hall, P.D. (1992): Inventing the Nonprofit Sector and Other Essays on Philanthropy, Voluntarism, and Nonprofit Organizations. Baltimore and London: The Johns Hopkins University Press.

Hempel, C.G. und P.Oppenheim (1948): Studies in the Logic of Explanation. Philosophy of Science, abgedruckt mit einem Nachwort in Aspects of Scientific Explanation, hrsg. von C.G.Hempel. New York: Free Press, 245-295.

Kuhn, T. S. (1962;1970): The Structure of Scientific Revolutions. Chicago: The University of Chicago Press.

Lindblom C. E. and D. K. Cohen (1979): Usable Knowledge. Social Science and Social Problem Solving. New Haven and London: Yale University Press.

Lohmann, R. A. (1992): The Commons. New Perspectives on Nonprofit Organizations and Voluntary Action. San Francisco: Jossey-Bass Publishers.

Marshall, T. H. (1965): Class, Citizenship, and Social Development, Garden City, N.Y.: Anchor Books.

Nordhofen, E. (1994): Karl Popper, Schulhaupt des Liberalismus. Die Zeit, Nr. 39, 70-71.

Popper, K. (1959): The Logic of Scientific Discovery. New York: Harper Torchbooks.

Smith, D.H. (1972): The Journal of Voluntary Action Research, an Introduction. Journal of Voluntary Action Research, 1, 2-5.

Suppe, F. (1974): The Search for Philosophical Understanding of Scientific Theories. The Structure of Scientific Theory. Urbana:

University of Illinois Press, 6-241.

van Til, J. (1993): ARNOVA and its Journal, some Reflections. Nonprofit and Voluntary Sector Quarterly, 22, 3:201-205.

de Tocqueville, A. [1835-1840] (1945): Democracy in America (2 Bände). New York: Random House.

Wagner, A. (1991): On Sharing: A Preface to an Economic Theory of Voluntary Action. Nonprofit and Voluntary Sector Quarterly, 20, 4: 359-370.

Wagner, A. (1994): Towards the Year 2000. ISTR Inaugural Conference. Inside ISTR, 2, 2: 1-9.

Zerubavel, E. (1991): The Fine Line. Chicago: University of Chicago Press.

ISTR After the Pecs Conference

Benjamin GIDRON, Beer-Sheva/Israel

The International Society for Third Sector Research (ISTR) is a new and unique international academic organization:

1. It is organized not around a discipline but around a concept. The concept is relatively new, controversial, still evolving and very much culturally defined.
2. It believes that gaining insight into this evolving concept requires a multi-national/multi-cultural as well as a multi-disciplinary approach.

While these parameters could suggest that the organization may have major problems in advancing its mission and attracting members, the first two years in the life of ISTR have proven exactly the opposite.

A major test for the Society was its first Bi-Annual Conference which took place in Pecs, Hungary in July, 1994. The academic organization of the conference, the level of papers, the wide representation of participants and their enthusiasm, convinced all the sceptics, critics and bystanders that ISTR's mission is a worthy one, and the course it follows in achieving it is the right course.

Pecs was no doubt a landmark. Some 3 months later, when the enthusiasm that we experienced after the conference has subsided, it is the proper time to ask: "What are the lessons we learned from Pecs, and how do we proceed with our mission of promoting international Third Sector research?" What follows are preliminary ideas of this writer, not any official policy of the Society.

In order to be relevant and to leave a mark, ISTR needs to create conditions and tools for International Third Sector theory(ies) building. Some of these conditions and tools already exist (our academic journal, conferences), but these are not sufficient. International Third Sector theory(ies) will develop around several axis; some of these are: substantive field (education, welfare, health), discipline, culture. In the process of such a complex task as theory-building, it is important to have a good understanding first of the theory's building-blocks or components, or, if I want to use a metaphor, we need to understand the trees before we can understand the forest.

In Pecs we introduced the concept of Affinity Groups (Interest Groups), which, organizationally mean dividing the field unto its components. These groups will provide forums of discussion for our members around specific topics, which, in the language of the metaphor, will be parts of the forest. At present it seems that there is no need to define these parts, and a much more sensible policy will be to let ISTR members shape the field in ways they see fit. Thus we have already Affinity Groups around management issues, educational programs, development issues etc., proposed and organized by members. Some of these groups will have their own activities this coming summer already.

Actually, this meeting here in Fribourg is an example of a potential Affinity Group (even if it is not called by this name) of Third Sector researchers sharing a language, but more than that, to a considerable extent, sharing a culture, and discussing the Third Sector within this context. It seems to me that such meetings are crucial in our quest to understanding the cultural antecedents of the Third Sector, helping us distinguish between its universal aspects and its idiosyncratic-specific ones.

In organizing this meeting ISTR was only marginally involved. I would imagine that if, in the future, a group of French or Scandinavian researchers would want to hold such a meeting, ISTR would welcome it, but again will not be very involved in its organization. Yet while researchers in certain parts of the world could get together and organize such meetings by themselves, this is certainly not the case in other parts of the world, such as the former Soviet Union, Central or South America, Africa and South East Asia. Leaving financial constraints aside, in many of these regions, researchers may need to be oriented to the Third Sector concept and may need to be encouraged to conceptualize the Third Sector in the context of their culture. As it is unthinkable to engage in a process of International Third Sector theory(ies) development and leaving major cultures of the world outside of that process, ISTR needs to follow a proactive approach in ensuring that this should not happen. Such an approach would probably require a concerted effort in identifying researchers and potential researchers in specific regions and engaging them in a series of meetings in which they will (a) form a network, and (b) discuss the Third Sector and the ways to study it in their specific context. This promises to be a fascinating process in which we, researchers in the Western world would be called upon to contribute from our experience to our colleagues in the Developing Countries. It should not however be perceived as a one-way street; the lessons they will be learning about their societies will add insight in understanding our own societies and in understanding the Third Sector internationally.

Finally, I want to share with you a saying which I read on a house in Berne a few days ago. I don't know who wrote it, but undoubtedly he or she had ISTR in mind: *"Träumt einer allein, ist es nur ein Traum. Träumen viele gemeinsam, ist es der Anfang von etwas Neuem."*

Nonprofit-Organisationen und NPO-Forschung in der Bundesrepublik Deutschland

Rudolph BAUER, Bremen

In der Bundesrepublik wußte bis vor wenigen Jahren kaum jemand etwas mit den Akronymen "NRO", "NGO" oder "NPO" anzufangen. Inzwischen sind diese Abkürzungen vor allem unter Sozialwissenschaftlerinnen und -wissenschaftlern bekannt, und zunehmend werden sie auch von den Medien verwendet: NRO ist das Initialwort für "Nicht-Regierungsorganisation", NGO für (englisch) "Non-Governmental Organization" und NPO für (englisch) "Non-Profit Organization" (auch in der deutschen Schreibweise "Nonprofit-Organisation"). Alle drei Abkürzungen bzw. die Begriffe, für die diese Abkürzungen stehen, meinen weitgehend dasselbe, wobei die Akronyme "NRO" und "NGO" vor allem zur Kennzeichnung solcher Nonprofit-Organisationen benutzt werden, die im Bereich der Entwicklungspolitik und Entwicklungszusammenarbeit tätig sind.

Zu dem hier in Fribourg versammelten Colloquium über Nonprofit-Organisationen und NPO-Forschung wurden Teilnehmerinnen und Teilnehmer aus den drei deutschsprachigen Ländern eingeladen. Die Zusammenkunft soll dem Informationsaustausch und der Diskussion dienen. Meine Aufgabe ist es, aus der Bundesrepublik zu berichten. In weiteren Beiträgen wird über Nonprofit-Organisationen und NPO-Forschung in Österreich und der Schweiz referiert.

Anknüpfend an die eingangs gemachte Feststellung, daß das Initialwort "NPO" seit noch nicht allzu langer Zeit gebraucht wird, stellt sich zunächst die Frage: Wie kann man über eine Forschung berichten, für deren Gegenstand es erst seit relativ kurzer Zeit einen Begriff gibt? Um

59

von "der NPO-Forschung" sprechen zu können, müßte dieser For-
schungzweig streng genommen die Gesamtheit, die Totalität, von
Nonprofit-Organisationen zum Gegenstand haben bzw. gehabt haben -
was für die Bundesrepublik in Ansätzen erst seit den 80er Jahren der
Fall ist. Unter dieser Voraussetzung würde mein Bericht vergleichsweise
kurz ausfallen.

Andererseits aber existieren viele organisatorische Gebilde, welche sich
dem Oberbegriff "NPO" zuordnen lassen. Diese Organisationen sind
allenthalben Gegenstand der Forschung, und es finden sich zahlreiche
Untersuchungen über Gruppen, Vereine, Verbände, Stiftungen und
Genossenschaften in der bundesdeutschen Wissenschaftsliteratur.
Forschungsgegenstand waren und sind z.b. Jugend-, Lehrlings- oder
Studentengruppen, kirchliche und politische Gruppen, Initiativ-, Projekt-
und Selbsthilfegruppen, darunter in jüngerer Zeit vor allem Gesund-
heitsselbsthilfe- und Eltern-Kind-Gruppen, ferner Künstlergruppen oder
Gruppen der Lebensreformbewegung. Ebenso wurden und werden
Vereine erforscht, beispielsweise Sport-, Mieter-, Freizeit-, Schützen-,
Heimat-, Gesangs- und sonstige Vereine. Gegenstand der Forschung
waren und sind auch Verbände, z.B. Wohlfahrts-, Jugend-,
Vertriebenen-, Bauern-, Unternehmerverbände und Gewerkschaften.

Eine unlängst veröffentlichte "integrierte Literatur- und Forschungsdoku-
mentation" über "Sozialwissenschaftliche Vereinsforschung im deutschsprachigen Raum", die also auch Arbeiten aus Österreich und der
Schweiz mit einbezieht, weist insgesamt 625 thematisch relevante
Eintragungen auf (vgl. *Artus* 1993, 251 - 264).

Von Aufsatzveröffentlichungen abgesehen und lediglich die wichtigsten
Buchpublikationen berücksichtigend, läßt sich quantitativ feststellen,
daß für die Bundesrepublik eine erste, wenn auch schwache Konjunktur
von Publikationen im Jahre 1955 nachweisbar ist; damals erschienen
vier Veröffentlichungen, die sich als einschlägig bezeichnen lassen. In
den folgenden Jahren flachte die Zahl der Publikationen wieder ab: 1960
stand sie auf Null. Danach stieg sie wieder an, übertraf 1962 mit sechs
Büchern den Höchststand von 1955 und kulminierte 1968 mit neun Pu-

blikationen. Dann wurde es auf dem Markt der Neuerscheinungen wieder stiller um die Nonprofit-Organisationen, aber von 1976 an - damals erschienen drei Buchveröffentlichungen - wuchs die Zahl der Publikationen auf 16 Titel im Jahre 1980. In den darauf folgenden Jahren erschienen jährlich elf oder mehr Titel, 1988 sogar 21 und 1992 - als vorläufigem Höhepunkt - 22 einschlägige Bücher. (Die Angaben basieren auf einer von mir vorgenommenen Auszählung einer Zusammenstellung von Buchtiteln, die nach 1949 erschienen sind.)

Vorausgesetzt, daß bei einem Bericht über die NPO-Forschung in der Bundesrepublik sämtliche Veröffentlichungen, Forschungsthemen und Arbeitsergebnisse zu berücksichtigen sind, würde der folgende Überblick sehr ausufern. Da ein so umfassender und detaillierter Bericht von mir hier nicht leistbar ist, werde ich wie folgt vorgehen:

Im ersten Teil (I.) stelle ich die bundesdeutsche NPO-Definition derjenigen aus den USA gegenüber. Ich werde in diesem Zusammenhang auch die ökonomischen Erklärungsansätze aus den USA vorstellen und die Frage aufwerfen, inwieweit diese sich für die Erklärung der Verhältnisse in der Bundesrepublik heranziehen lassen. Im zweiten Teil (II.) behandle ich verschiedene sozialwissenschaftliche Fragestellungen und referiere die entsprechenden Forschungsergebnisse. Bei den Fragestellungen handelt es sich (1.) um das Verhältnis von Staat und Nonprofit-Organisationen, (2.) um die Rolle von Religion und Kirchen sowie (3.) um die Bedeutung sozialer und kultureller Heterogenität. Im dritten Teil (III.) werde ich neuere, theoretisch und empirisch relevante Konzepte vorstellen. Hierbei gebe ich (1.) einen kurzen Überblick über Arbeiten jüngeren Datums und referiere (2.) über Forschung und Theoriebildung zum "Dritten Sektor" sowie (3.) über den Erklärungsansatz der Intermediarität. Im abschließenden vierten Teil (IV.) möchte ich - wiederum auf der Grundlage einer Gegenüberstellung der USA und der Bundesrepublik - einige praktische Schlußfolgerungen ziehen und sie (in durchaus provozierender Absicht) zur Diskussion stellen.

I. Definitionen und Erklärungsansätze in den USA und der BRD

Ich beginne mit einem Definitionsvorschlag aus der Feder von Wolfgang *Seibel* (1992, 1427): "Unter Nonprofit-Organisationen werden im US-amerikanischen Sprachgebrauch private Anbieter von Gütern und Dienstleistungen ohne Erwerbszweck verstanden. Der Begriff spielt auch in der deutschen Fachterminologie eine Rolle, u.a. dort, wo es um einen Oberbegriff für die Vielzahl von Dienstleistungsanbietern ohne Erwerbszweck geht, die nicht dem öffentlichen Sektor zuzurechnen sind. In dieser Hinsicht konkurriert 'Nonprofit-Organisationen' mit dem Begriff des Dritten Sektors. Nonprofit-Organisationen in diesem Sinne sind in der Bundesrepublik typischerweise private Körperschaften mit Gemeinnützigkeitsstatus (gemeinnützige eingetragene Vereine, Gesellschaften mit beschränkter Haftung, Aktiengesellschaften, Genossenschaften, Stiftungen)."

Der Definitionsvorschlag, den Wolfgang *Seibel* für Nonprofit-Organisationen anbietet, verdient aus zwei Gründen unser Interesse. Er besagt erstens, daß es sich um einen Sammelbegriff, um ein terminologisches Konstrukt, handelt. Es wird in der zitierten Definition zwar nicht ausdrücklich hervorgehoben, aber implizit wird darin zum Ausdruck gebracht, daß der NPO-Begriff sich pragmatischer Herkunft verdankt: Es handelt sich um eine deskriptive Kategorie, die keinen theoretisch-begründenden Anspruch erhebt. Der Begriff verweist auf ein im Kern pragmatisches Wissenschaftsverständnis, welches nicht vom "Ästhetizismus des philosophischen Fach-Jargons" (L. *Marcuse* 1959, 13) geprägt und deshalb in der deutschen Wissenschaftstradition wenig beheimatet ist.

Zweitens läßt der Definitionsvorschlag erkennen, daß der Sammelbegriff "NPO" im Deutschen juristische Konnotationen hat ("private Körperschaften mit Gemeinnützigkeitsstatus"), während er im US-amerikanischen Ursprungskontext v.a. einen ökonomischen Sachverhalt bezeichnet ("private Anbieter von Gütern und Dienstleistungen ohne Erwerbszweck").

Ich erwähne diese Besonderheiten, weil sie auf eine Schwierigkeit hindeuten. Diese resultiert daraus, daß ich über einen Forschungsbereich zu berichten habe, der - wie bereits angedeutet - in der deutschen Wissenschaftslandschaft noch nicht etabliert ist und innerhalb ihrer disziplinären Koordinaten so recht keinen Platz hat. Zwar gibt es in der Bundesrepublik eine Verbändesoziologie, ein Vereins- und Stiftungsrecht, eine Genossenschaftsökonomie usw., aber eine NPO-Forschung, welche bewußt die Grenzen der betreffenden Fachdisziplinen überschreitet, ist kaum entwickelt. Interdisziplinäre wissenschaftliche Debatten über Nonprofit-Organisationen sind selten. Die NPO-Forschung ist in der Bundesrepublik noch nicht verankert. Nonprofit-Organisationen bilden keinen bereits etablierten und anerkannten Gegenstand der Forschung.

Ferner ist mit der in der Bundesrepublik anzutreffenden juristischen Konnotation des Gegenstandes ein weiteres Problem verbunden. Die rechtliche Definition von Nonprofit-Organisationen als "private Körperschaften mit Gemeinnützigkeitsstatus" ist, ebenso wie die ökonomische, zwar relativ stringent, d.h. sie nennt eindeutige Kriterien. Sie ist aber kompliziert und deshalb weder 'wirtschaftlich', noch besitzt sie eine hinreichende Organisationskraft (vgl. *Anheier/Salamon* 1993, 6).

Letzteres, nämlich Organisationskraft zu besitzen, würde bedeuten, daß die Definition es zuläßt, andere Prozesse und Sachverhalte (z.B. nicht landesgebundene) zu erklären, aber auch solche Entwicklungen (z.B. neuere Tendenzen) erklärbar zu machen, für die sie ursprünglich nicht gedacht war. 'Wirtschaftlich' wäre eine Definition dann zu nennen, wenn sie sich nicht, wie die juristische, dadurch als kompliziert erweist, weil Präzedenzfälle, Interpretationen und gewohnheitsrechtliche Einflüsse beachtet werden müssen. Kurz: Die in der Bundesrepublik vorherrschende juristische Definition erschwert es, die Nonprofit-Organisationen länderübergreifend zu vergleichen und neuere Entwicklungen zu berücksichten.

Wie bereits angedeutet, kann nur unter Einschränkungen von "der NPO-Forschung" in der Bundesrepublik Deutschland die Rede sein. Zwar existiert eine Unzahl von Nonprofit-Organisationen; eine vom Bundesministerium für Familie und Senioren in Auftrag gegebene und unlängst veröffentlichte "Expertise" beziffert die Zahl der Vereine auf 240.000 (*Agricola/Wehr* 1993, 12). Aber es gibt weder ein "NPO-Bewußtsein" der Nonprofit-Organisationen selbst, noch einen vergleichbar homogenen, anerkannten Forschungsbereich, wie es in den USA der Fall zu sein scheint. Ferner verfügen wir nicht über eine anerkannte allgemeine NPO-Theorie, und die empirischen Forschungen liefern nur Teile eines Puzzles, die zusammengefügt noch kein vollständiges Bild ergeben.

Nun stellt sich die Frage: Kann das Erscheinungsbild der Nonprofit-Organisationen und der NPO-Forschung in den USA ein Maßstab sein für die Beurteilung der Situation in der Bundesrepublik? Bei dem Versuch einer Antwort ist zu bedenken, daß das für die USA entworfene Bild möglicherweise täuscht. Bei genauer Betrachtung der US-amerikanischen Forschung zeigt sich nämlich, daß die dort vorherrschenden, vor allem wirtschaftswissenschaftlich geprägten Definitionen ebenfalls Mängel aufweisen und daß selbst die Begrifflichkeit für den Gegenstandsbereich nicht einheitlich ist.

Auch in den USA fehlt eine einheitliche Terminologie. Es werden auch Begriffe verwendet wie "non-governmental organizations", "private voluntary organizations", "third sector", "independent sector" oder "voluntary sector". Diese Begriffe sind ebenfalls pragmatische Konstrukte ohne theoretische Aussagekraft, ohne eigentliche Erklärungspotenz.

Zum anderen besitzt die in den USA vorherrschende ökonomische Definition zwar ein hohes Maß an Organisationsvermögen und an 'Wirtschaftlichkeit', d.h. sie ist weniger kompliziert. Aber "das Problem dieser Definitionsart ist ihr deutlicher Mangel an Relevanz und kombinatorischem Reichtum" (*Anheier/Salamon* 1993, 7). Indem sie streng genommen alle Organisationen ausgrenzt, deren Eigenmittel weniger als die Hälfte des Gesamtetats betragen, engt die ökonomische Definition den Bereich der Nonprofit-Organisationen auf diejenigen organisatorischen Gebilde ein, die das Merkmal privater Wohltätigkeit aufweisen. "Damit wird ... der kombinatorische Reichtum des Konzepts eingeschränkt und viele der interessantesten Verbindungen zwischen dem Nonprofit-Bereich und anderen Bereichen des sozialen Lebens werden wegdefiniert." (Ebd.)

Auch in den USA existiert keine "general theory". Zur Beantwortung der Frage des "institutional choice", d.h. warum Nonprofit-Organisationen existieren und notwendig sind, wird vor allem auf das Staats- bzw. Marktversagen ("state failure" bzw. "market failure") verwiesen. Beim "Markt" wird das zum Schaden der Konsumenten dominierende Profitinteresse der Unternehmen sowie das Fehlen einer am Gemeinwohl ausgerichteten "Nonprofit"-Orientierung hervorgehoben. Diese "Marktschwächen" dienen zur Erklärung dafür, warum Nonprofit-Organisationen gesellschaftlich notwendig sind. Beim "Staat" wird auf dessen Informationsdefizite verwiesen, auf die bürokratische, hierarchisch-zentralistische Verfaßtheit öffentlicher Entscheidungsträger, auf ungünstige Kosten/Nutzen-Relationen sowie auf die universalistische Bindungsverpflichtung der öffentlichen Hände durch das Recht. Diese "Staatsschwächen" dienen zur Erklärung dafür, daß freiwillige Leistungen, spontanes privates Engagement sowie ein dem individuellen Fall angemessenes Handeln unterbleiben und daß deshalb Nonprofit-Organisationen erforderlich sind (vgl. *Weisbrod* 1977).

Diese Begründungen sind inzwischen auch in der deutschsprachigen Debatte nicht unbekannt (vgl. *Badelt* 1987: 36 ff.; *Bauer* 1987, 14 f.; *Evers/Ostner/Wiesenthal* 1989). Sie lassen zweierlei erkennen: Erstens zeigen sie, daß Nonprofit-Organisationen auch in der Bundesrepublik ein gesellschaftlich-institutionelles Arrangement bilden, dessen 'Topographie' oder 'Spannungsfeld' zum einen zwischen den formellen "bürokratischen Welten" ("government and business bureaucracies") anzusiedeln ist, und zum anderen zwischen diesen und der "personal world" (*Billis* 1989, 18 f.). Zweitens lassen sie die These als begründet erscheinen, daß Nonprofit-Organisationen einen gesellschaftlichen Bereich darstellen, dessen Bedeutung mit dem Wachstum des Angebots von Dienstleistungen, mit der Erweiterung von Zugangschancen zu

diesen Dienstleistungen und mit der Erhöhung von Selbst-
steuerungserfordernissen der Gesellschaft verknüpft ist.

Es stellt sich aber die Frage: Sind Nonprofit-Organisationen in der Bundesrepublik Deutschland ebenso einzuschätzen wie in den USA?
Verdankt sich ihre Entstehung den gleichen Bedingungen? Wie aus
einigen vergleichenden Studien hervorgeht (*Vogel/Oel* 1966; *Bauer*
1987; 1990), ist Vorsicht geboten bei dem Versuch, US-amerikanische
Befunde und Konzepte unbesehen auf die deutschen Verhältnisse zu
übertragen. Diese Bedenken werden u.a. damit begründet, daß der
"liberale" Regulationstyp des "welfare state" und die diesem entsprechende "Marktorientierung" in den USA (vgl. *Esping-Andersen* 1985)
sich deutlich unterscheiden vom "konservativ-etatistischen" Regulationstyp des bundesrepublikanischen Sozialstaats. Dieser wirkt sich anders aus als jener, und zwar nicht zuletzt auch auf die Nonprofit-
Organisationen, ihre Entstehung, ihre Funktion und ihre Verfaßtheit.

Historisch haben sich die heute existierenden Nonprofit-Organisationen
in Deutschland als staatsnahe bzw. staatsorientierte Organisations-
gebilde entwickelt: Sie weisen eine betont etatistisch-öffentliche Komponente auf. Die stärkere Staats- und geringere Marktorientierung wird
damit begründet, daß diejenigen gesellschaftlichen Bereiche der Bundesrepublik, in denen wir Nonprofit-Organisationen vorfinden, hochgra-
dig verregelt und verrechtlicht sind (vgl. *Voigt* 1980) und daß dem hohen
Verrechtlichungsgrad das erhebliche Ausmaß entspricht, in dem die
Nonprofit-Organisationen auf öffentliche Mittel angewiesen und deshalb
politisch und administrativ steuer- und kontrollierbar sind.

Gegen unbesehene Theorie-Anleihen spricht auch, daß z.B. der US-
These des "state failure" mit der berechtigten Frage begegnet werden
kann, ob Nonprofit-Organisationen in der Bundesrepublik denn tatsäch-
lich eine Alternative zum politisch-administrativen System und seinen
Schwächen darstellen, d.h. ob sie nicht vielmehr den Staat und dessen
"Versagen" selbst verdoppeln? Viele der Nonprofit-Organisationen in der
Bundesrepublik erweisen sich nämlich bei genauer Analyse als Au-
ßenstellen der öffentlichen Verwaltung, als Ergänzungsbürokratien und

"Auxiliarämter" (*Wambach* 1971). Ferner wurden und werden Teile der öffentlichen Verwaltung gezielt in den NPO-Bereich verlagert, um sie zwar der parlamentarischen Kontrolle zu entziehen, aber nicht um sie damit aus dem staatlich-administrativen Steuerungskontext zu entlassen.

Bezogen auf die Verhältnisse in der Bundesrepublik ist auch die in der US-Forschung verbreitete These des "market failure" nicht von durchschlagender Überzeugungskraft. Denn statt sich als echte Alternativen zum Markt zu profilieren, bedienen sich zahlreiche der Nonprofit-Organisationen in der Bundesrepublik gegenwärtig vermehrt privatwirtschaftlicher Rechtsformen, schulen ihr Leitungspersonal in Betriebswirtschafts- und Managementkursen nach For-profit-Regeln, bilden Vorformen marktförmiger Betriebe, streben zum Markt und gehen darin auf oder unter.

Es bleibt somit die Frage, ob sich die theoretischen Erklärungsansätze, welche in der US-amerikanischen NPO-Forschung relevant sind, für eine Erklärung der Verhältnisse in der Bundesrepublik heranziehen lassen.

II. Fragestellungen und Ergebnisse der NPO-Forschung

Bevor ich am Ende meines Beitrags den Vergleich zwischen den USA und der BRD wieder aufnehme, erörtere ich im folgenden zunächst einige wichtige Fragestellungen bzw. die Antworten, die sich dazu aus den bisherigen Forschungsergebnissen in der Bundesrepublik ablesen lassen. Bei den Problemstellungen handelt es sich (1.) um das Verhältnis von Staat und Nonprofit-Organisationen, (2.) um die Rolle von Religion und Kirchen sowie (3.) um die Bedeutung sozialer und kultureller Heterogenität.

II.1 Das Verhältnis von Staat und Nonprofit-Organisationen

Noch in den 50er Jahren des 20. Jahrhunderts wurde das Verhältnis von
Staat und Nonprofit-Organisationen im Sinne der obrigkeitsstaatlich-
autoritären und anti-demokratischen Tradition der deutschen Staatstheorie bewertet. Die Einheit und Souveränität des Staates, so lautete
die Argumentation, werde durch das Wirken von Verbänden gefährdet
und "demontiert" (*Weber* 1957, 21; *Krüger* 1964, 383 ff.). Das Auftreten
vor allem der Interessenverbände wurde als eine Folge der 'einbrechen-
den' Massendemokratie und als ein Zeichen des weitgehenden 'Zerfalls'
der Rechts- und Gesellschaftsordnung gewertet (vgl. *Eschenburg* 1955;
Forsthoff 1972; *Huber* 1954). Die negativen Beurteiler der nicht-staat-
lichen Organisationen beriefen sich u.a. auf Carl *Schmitt*, der den Pluralismus als "eine Theorie der Auflösung oder Widerlegung des Staates"
(*Schmitt* 1964, 44) bezeichnet.

Zu einer Abwendung von dieser vorkonstitutionellen Sichtweise führte
ein neues Verständnis des Verbändepluralismus, das sich in den 60er
Jahren aufgrund der Rezeption von Schriften Ernst *Fraenkels* (1968a)
durchzusetzen begann. Die damals herrschende Lehre war von der
grundsätzlichen Akzeptanz pluralistischer Organisationen und pluralistischer Gesellschaften geprägt. Kritik an den ideologischen Implikationen
dieser Positionen meldete sich erst allmählich zu Wort. Von den Kritikern
wurde vor allem auf die Macht- und Einflußasymmetrie des pluralisti-
schen Verbändewesens hingewiesen. Die Asymmetrie wurde beispielsweise am unterschiedlichen Gewicht und Einfluß von Unternehmer-
verbänden einerseits und Gewerkschaften andererseits demonstriert
(vgl. *Offe* 1969). Kritisiert wurde auch die "etatozentrische Fehlorientie-
rung" (*Zeuner* 1976) der Verbändeforschung.

Mit Beginn der 80er Jahre wurden unter dem Stichwort des
"Neokorporatismus" die Grundlagen der wachsenden Verflechtungen
zwischen Staat und Verbänden analysiert (vgl. *Heinze* 1981). Bei der
nachfolgenden Kritik der als "konzertierte Aktionen" bezeichneten
nebenparlamentarischen Formen korporatistischer Konsensbildungs-
verfahren wurden die Konsequenzen des Neokorporatismus nach zwei

Seiten hin diskutiert: Während die korporatistische Politik kurzfristig und auf mittlere Sicht die staatliche Steuerungsfähigkeit erhöhe, zeitige sie auf lange Sicht problematische Konsequenzen, da - so die Argumentation - der Ausschluß der Mitgliederbasis bei den Interessenverbänden zur Desintegration und zu Protestbewegungen führt.

Die wissenschaftliche Verbändediskussion in der Bundesrepublik hatte in der Hauptsache die Erörterung des interessenverbandlichen Organisationstyps zum Gegenstand. Das Pluralismuskonzept ebenso wie der Korporatismus-Ansatz hatten sich - darin der anti-pluralistischen Staatstheorie nicht unähnlich - hauptsächlich auf Interessenverbände und auf die Analyse ihrer Beeinflussung staatlicher Entscheidungen beschränkt.

Hingegen wurde über lange Zeit die wissenschaftliche Analyse und theoretische Konzeptualisierung des Verhältnisses von Staat und Hilfevereinen, vor allem den Jugend- und Wohlfahrtsverbänden, vernachlässigt. Noch in den 50er Jahren konnte sich Rupert *Breitling* in seiner Studie über "Die Verbände in der Bundesrepublik" "nicht entschließen, die Wohlfahrtsverbände als besondere Verbandskategorie gemeinsam zu behandeln" (*Breitling* 1955, 220).

Im Anschluß an die Debatten um das 1962 in Kraft getretene Bundessozialhilfegesetz (BSHG) kam es zunächst lediglich zu einer verfassungsrechtlichen Diskussion des Verhältnisses von Staat und kulturellen Organisationen (vgl. *Preuß* 1969) bzw. zwischen Staat und Wohlfahrtsverbänden (vgl. *Rinken* 1971; *Wegener* 1978). Es folgten sozialethische Begründungen des Subsidiaritätsprinzips (*Schneider* 1983).

Der normative Stellenwert des im BSHG verankerten Subsidiaritätsprinzips beschäftigte damals in erster Linie die Rechtswissenschaften. Hingegen taugte die Subsidiarität - ihrem Ursprung nach ein sozialethisch und theologisch begründeter Ordnungsgedanke aus der katholischen Soziallehre - kaum zur sozialwissenschaftlichen Analyse des Verhältnisses von Staat und Verbänden. Kritische Auseinandersetzungen zur Klärung dieses besonderen Verhältnisses finden sich nur vereinzelt (vgl. *Bauer* 1978).

Die Wohlfahrtsverbände-Forschung bewegte sich seit Beginn der 80er Jahre hauptsächlich im "Mainstream" der Neokorporatismus-Debatte, ohne dabei die Unterschiede zwischen Interessenverbänden einerseits und Hilfevereinen wie den Wohlfahrtsverbänden andererseits angemessen zu berücksichtigen, auch ohne das demokratietheoretische Defizit des Korporatismus-Ansatzes und die daraus sich ergebenden Konsequenzen zu erörtern (vgl. dazu: *Bauer* 1991c). In dem zweifelhaften Bemühen, im Rahmen der gesellschaftspolitischen Themenkonjunkturen als soziologische Stichwortgeber sich verdient zu machen, war es ein herausragendes Anliegen der neokorporatistischen Wohlfahrtsverbände-Forscher, sich mit ihren Arbeiten an der Diskussion der "Neuen Subsidiarität" und des "neuen Sozialstaats" zu beteiligen (vgl. *Heinze* 1986; *Heinze/Olk/Hilbert* 1988).

Zu den problematischen Konsequenzen der korporatistischen Verflechtung von Staat und Wohlfahrtsverbänden gehören die Zentralisierung und Bürokratisierung letzterer, die Lähmung der innerverbandlichen Demokratie, die daraus folgende verbandliche Desintegration und nicht zuletzt auch die Mediatisierung der Adressaten und ihrer Interessen. Eine der entscheidenden Funktionen der Wohlfahrtsverbände, nämlich die, die legitimen Interessen ihrer Adressaten zu filtern und zu mediatisieren, wurde zwar verschiedentlich in die Diskussion eingebracht (vgl. *Bauer* 1978 und 1991b; *Herrmann* 1984; *Reyer* 1984). Doch bewegten sich dieser theoretische Ansatz und seine empirische Verifikation nicht im Zentrum der Erörterung des Verhältnisses von Staat und Wohlfahrtsverbänden.

Gleiches gilt weitgehend auch für die Untersuchung der Frage, welche Rolle die Wohlfahrtsverbände im Verhältnis zwischen zentralstaatlicher und 'Lokaler Sozialpolitik' (*Grunow* 1992, 1308 - 1310) spielen bzw. spielten. Eine der hierzu formulierten Thesen besagt, daß sich der Zentralstaat der Spitzenverbände der Freien Wohlfahrtspflege sowie - auf dem Umweg über letztere - ihrer lokalen Untergliederungen, der

Hilfevereine, bedient hat, um die Sozialpolitik der Kommunen - Stichwort: "Kommunalisierung" (vgl. *Brunckhorst* 1978; *Forth* 1992) - zu konterkarieren bzw. zu steuern.

Die korporatistisch eingebundenen Wohlfahrtsverbände waren - und sind bis heute - ein wichtiges sozialpolitisches Kontroll- und Steuerungsinstrument des deutschen Zentralstaats. Als Kontroll- und Steuerungsmedien erweisen sich Geld und Recht. Im einzelnen kontrolliert und steuert der Zentralstaat wie folgt: erstens unmittelbar durch die Subventionierung der Spitzenverbände der Wohlfahrtspflege (Steuerung der Wohlfahrtsverbände durch Geld); zweitens mittelbar durch die Sozialgesetzgebung (Steuerung der Kommunen durch Recht); drittens durch die gesetzlich zur Finanzierung der wohlfahrtsverbandlichen Aktivitäten auf örtlicher Ebene verpflichteten Kommunen (Kontrolle der Wohlfahrtsverbände durch Geld); viertens durch die rechtliche Verankerung des Subsidiaritätsprinzips (Kontrolle der Kommunen durch Recht).

Auf der Basis der Ergebnisse historischer Analysen im Bereich der Freien Wohlfahrtspflege kann die Frage bejaht werden, ob dem Staat eine entscheidende Rolle bei der Entwicklung und Förderung der deutschen Nonprofit-Organisationen zugekommen ist. Umgekehrt ist allerdings auch die gesellschaftspolitisch stabilisierende, sozial integrierende und staatsfördernde Rolle der Nonprofit-Organisationen von nicht zu unterschätzender Bedeutung: Deutsche Nonprofit-Organisationen handeln, wenn sie staatlich anerkannt sind, staatsorientiert und staatstragend. Im wesentlichen ist das Verhältnis von "anerkennendem" Staat und "anerkannten" Nonprofit-Organisationen deshalb durch den Korporatismus-Ansatz theoretisch zureichend und treffend beschrieben, nämlich als ein herrschaftlich regulierter "Pakt auf Gegenseitigkeit".

Von diesem Pakt weitgehend (wenn nicht gänzlich) ausgeschlossen und deshalb in ihrer Entwicklung beeinträchtigt waren bzw. sind diejenigen Ansätze freiwilliger Organisationen, welche kritische, innerhalb der staatlichen Ordnung unerwünschte oder gesellschaftlich alternative Konzepte vertreten und sich nicht bereitwillig in den etablierten Institutionenrahmen "konzertierter Aktionen" einordnen lassen. Insoweit erschwert und behindert der "Staat des korporatistischen Paktierens" die Entwicklung einer anderen als der vorherrschenden konservativ-etatistischen Orientierung des Großteils von Nonprofit-Orgnisationen (vgl. *Bauer/Thränhardt* 1987, 21 f.; *Esping-Andersen* 1985).

II.2 Die Rolle von Religion und Kirchen

Die Bedeutung, die der Religion und den Kirchen bei der Entstehung und Entwicklung von Nonprofit-Organisationen zukam, beschränkte sich - oberflächlich betrachtet - im wesentlichen auf die Rolle der Kirchen hinsichtlich der konfessionellen Wohlfahrtsverbände sowie der (katholisch-)kirchlichen und der (evangelisch-)bürgerlichen Stiftungen. Allerdings verbirgt sich hinter dieser Feststellung eine komplexe Konstellation, die einerseits aus dem engen Verhältnis von Kirche und Staat resultierte und andererseits aus den seit der Reformation widersprüchlich-konkurrierenden Spannungen zwischen Katholizismus und Protestantismus.

Im Mittelalter herrschte zwischen weltlicher und geistlicher Obrigkeit eine Koinzidenz, die in der Neuzeit brüchig wurde und allmählich sich auflöste, ohne daß diese Entwicklung jedoch zu einer eindeutigen und endgültigen Trennung beider Bereiche geführt hat. Seit der Reformation waren Staat und Kirche in den evangelischen Landsteilen durch das landesherrliche Regiment eng miteinander verbunden. In den katholischen Landesteilen hinwiederum beanspruchte die römisch-katholische Kirche ein eigenes Kirchenrecht und eine vom Staat zwar unabhängige, ihn jedoch seinerseits bindende Ordnung.

"Die lutherische Theologie sah in der Verbindung von Staat und Kirche ein gegebenes Verhältnis letzterer zum 'christlichen Staat', welchem die Kirche den Schutz und die Pflege ihrer äußeren Ordnung anvertraute, um sich ungehindert ihrer eigentlichen Aufgabe, der Verkündung des Evangeliums, widmen zu können. Die lutherischen Kirchen beriefen sich dabei auf Artikel 7 des Augsburgischen Bekenntnisses von 1530, in dem als Kennzeichen der Kirche die Predigt des Evangeliums und die

Verwaltung der Sakramente genannt werden. Nach evangelischem Verständnis begründete Kirche sich aus der Predigt und nicht aus dem Recht." (LSG 1992, 1934)

Das katholische Kirchenverständis hingegen begründete sich primär aus dem Recht des Konsistoriums, d.h. "der Vollversammlung der Kardinäle unter dem Vorsitz des Papstes, die über die Verleihung wichtiger Benefizien (u.a. von Bistümern) entscheidet und an zahlreichen Prozessen der päpstlichen Kulthoheit (...) beteiligt ist" (*Ziessow* 1992, 1190). Das katholische Kirchenverständnis bildete einen der ursächlichen Hintergründe dafür, daß nach der Reichsgründung 1871 der sog. Kulturkampf ausgetragen wurde.

Der Kulturkampf von 1871 bis 1891 "steht als Konflikt zwischen dem Deutschen Reich, insbesondere Preußen, und der römisch-katholischen Kirche am Beginn der Reichsgründung und wird als Ausdruck der Befürchtungen Bismarcks um die Reichseinheit (...) und seiner Staatsidee interpretiert. ... Indem der Kulturkampf einerseits die Entwicklung freier Initiativen, v.a. im Bildungsbereich, nahezu ausgeschlossen hat, ist andererseits, als Ausdruck des Widerstands von Klerus und katholischer Bevölkerung, das katholische Vereinswesen entstanden, u.a. der Volksverein für das katholische Deutschland" (LSG 1992, 1261). Letzterer wurde 1890 gegründet und widmete sich vor allem Bildungs- und Erziehungsaufgaben unter der katholischen Bevölkerung, um diese "für das Leben in Staat und Gesellschaft zu bilden" (*Heitzer* 1979, 2). Die Geschichte des Volksvereins für das katholische Deutschland "spiegelt die Entwicklung des Kaiserreiches wider und ist geprägt durch ein obrigkeitliches Staatsverständnis, das gegen die Bestrebungen der sozialdemokratischen Arbeiterbewegung gerichtet war" (LSG 1992, 2127).

Gleiches gilt auch für die Innere Mission der Evangelischen Kirche. Die Funktion der Inneren Mission, der Vorläuferin des heutigen Diakonischen Werkes, war es, "der sozialistischen Arbeiterbewegung den Wurzelboden zu entziehen und einer Christianisierung der glaubenslosen Menschen vorzuarbeiten" (*Kaiser* 1989, 5 f.). Zugleich hatte ihr Gründer, Johann Hinrich *Wichern*, "in der Inneren Mission die ansatzweise Verwirklichung des unitarischen Gedankens, d.h. der Vorform eines reichskirchlichen Zusammenschlusses aller Landeskirchen gesehen" - ein Aspekt, der nach 1914 "durch das Kriegserlebnis wieder an Bedeutung (gewann). Mit der Gründung der ... 'Konferenz deutscher evanglischer Arbeitsorganisationen' (KDEAO) 1916 versuchten führende Vertreter der Inneren Mission ..., ihren Verbänden für die Zeit nach Kriegsende ein Mitspracherecht bei dem erwarteten Verfassungsneubau der Landeskirchen zu sichern" (*Kaiser* 1989, 7).

Nach dem Ersten Weltkrieg erfolgte mit der Zustimmung zum ersten demokratischen Grundgesetz, der Verfassung von Weimar, die Trennung von (kaiserlichem) "Thron und Altar". Der Artikel 137 der Weimarer Verfassung erklärte zur Regelung des Verhältnisses von Kirche und Staat: "Es besteht keine Staatskirche. Die Freiheit der Vereinigung zu Religionsgesellschaften wird gewährleistet. Der Zusammenschluß von Religionsgesellschaften innerhalb des Reichsgebiets unterliegt keinen Beschränkungen. Jede Religionsgesellschaft ordnet und verwaltet ihre Angelegenheiten selbständig ... Sie verleiht ihre Ämter ohne Mitwirkung des Staates oder der bürgerlichen Gemeinde." (Zit. nach: a.a.O., 53 f.)

Infolge der verfassungsmäßigen Trennung von Staat und Kirche sahen sich die Religionsgemeinschaften der Notwendigkeit gegenüber, sich innerhalb der demokratischen Gesellschaft eigenständig, d.h. unabhängig vom Staat, zu verankern. Sie mußten zugleich auch Möglichkeiten und Hebel finden, um den Staat in ihrem Interesse zu beeinflussen. Die beiden christlichen Kirchen durchsetzten deshalb, u.a. mit Hilfe der konfessionellen Vereine und Verbände, die Weimarer Gesellschaft.

Desgleichen durchsetzten sie den Weimarer Staat, indem sie gestaltend, v.a. unter Mithilfe von Mitgliedern der Zentrumspartei, die zentralstaatliche Sozialpolitik beeinflußten. Von entscheidender Bedeutung ist in diesem Zusammenhang die gesetzliche Verankerung des Subsidiaritätsprinzips (vgl. *Thränhardt* 1987, 6). Der theologisch begründete Grundsatz der Subsidiarität fand seinen Niederschlag im Weimarer Reichsjugendwohlfahrtsgesetz (RJWG) und später auch im Bundessozialhilfegesetz (BSHG) der Bundesrepublik. Die Weimarer Lesart des Subsidiaritätspinzips garantierte ebenso wie die bundesdeutsche die Finanzierung verbandlicher (konfessioneller wie auch nicht-konfessioneller) Einrichtungen. Das Subsidiaritätsprinzip bzw. seine institutionelle Etablierung erleichtert umgekehrt aber auch die staatliche Einflußnahme auf die betreffenden Verbände.

Die Frage, welchen Einfluß Religion und Kirchen auf die Entwicklung von Nonprofit-Organisationen ausübten, kann auf der Basis bisheriger Forschungsergebnisse zusammenfassend wie folgt beantwortet werden: Der 'religiöse Faktor', wie er sich beispielsweise bei den Pietisten des 18. Jahrhunderts gegen die landesherrliche Amtskirche behauptete, spielte bei der Entstehung Sozialer Bewegungen, den Vorläufern zahlreicher konfessioneller Hilfevereine, eine wichtige Rolle. [Der 'religiöse Faktor' spielte übrigens auch eine wichtige Rolle im Zusammenhang der Auswanderung von religiösen Gruppen und Sekten in die 'Neue Welt', wo sie auf entscheidende Weise zur Entstehung des 'liberalen Regulationstypus' (*Esping-Andersen* 1985) beigetragen haben.]

Hingegen war der 'Faktor Kirche', d.h. der Amtskirche, unmittelbar zunächst weniger bedeutend. Im Rahmen des Kulturkampfes wurde die katholische Kirche im 19. Jahrhundert staatlicherseits an der Entwicklung konfessioneller Einrichtungen des Bildungswesens gehindert. Erst in der Weimarer Republik konnten und mußten die Kirchen infolge der Trennung von "Thron und Altar" Einfluß auf die Entwicklung der Nonprofit-Organisationen nehmen. Sie taten dies sowohl mittelbar als auch unmittelbar (durch die Förderung des konfessionellen und die Bekämpfung des sozialistischen Vereinswesens).

Zur indirekten Einflußnahme bedienten die Kirchen sich politischer Kanäle. Sowohl in der Weimarer Republik als auch unter dem NS-Regime - später dann auch unter *Adenauer* und seinen Nachfolgern - drängten die Kirchen auf "Anerkennung" und Unterstützung ihrer konservativ-paternalistisch orientierten Verbände, besonders der Verbände im Bereich der Jugend- und Wohlfahrtspflege. Damit verknüpft war zugleich die negative Einflußnahme der Kirchen auf andere, nichtchristliche Nonprofit-Organisationen, nämlich auf jüdische bzw. solche, die den Kirchen, ihrer Macht und ihrem Einfluß, kritisch gegenüberstanden. Letztere wurden von den Kirchen nicht nur nicht unterstützt, sondern mit Nachdruck bekämpft.

II.3 Die Bedeutung sozialer und kultureller Heterogenität

Wenn man die Forschungsergebnisse zur Geschichte von Gruppen, Vereinen, Verbänden, Genossenschaften und Stiftungen heranzieht, wird die These bestätigt, daß die soziale und kulturelle Heterogenität innerhalb moderner Industriegesellschaften ein wichtiger Beweggrund war, der auch in Deutschland zur Entstehung, Entwicklung und zum Bedeutungszuwachs von Nonprofit-Organisationen beigetragen hat.

Die Ablösung von Perioden sozialer und kultureller Homogenität durch Perioden der sozialen und kulturellen Heterogenität war geschichtlich eine Folge des Unvermögens traditioneller Vergesellschaftungsmodi, den Herausforderungen durch neue gesellschaftliche Entwicklungen zu entsprechen. So gesehen, bedeutete die Gründung von Organisationen, wie sie z.B. in der Phase des Übergangs von der neuzeitlichen zur industriellen Gesellschaftsformation oder während des Ersten Weltkrieges und danach einsetzte, ein zweifaches: Auf der einen Seite war sie eine Folge des Versagens traditioneller Vergesellschaftungsmodi (z.B. der Orden, der Zünfte, des 'ganzen Hauses'), auf der anderen Seite war sie Bedingung und Ausdruck für die Entstehung neuer, zeitgemäßerer Vergesellschaftungsmodi.

Die Entwicklung von Nonprofit-Organisationen war in Deutschland demnach auch Folge von sozialer und kultureller Heterogenität im gesamtgesellschaftlichen Kontext. Zugleich aber bildete die Entstehung dieser Organisationen auch eine der Voraussetzungen für eine (neue) soziale und kulturelle Homogenität innerhalb des neu geschaffenen institutionellen und organisatorischen "Gemeinschafts-", "Milieu-" oder "Szene"-Rahmens.

"Gemeinschaften", "Milieus" oder "Szenen" können sowohl Ergebnis und Ausdruck tradierter Formen der Vergesellschaftung sein, d.h. sie können unter Krisenbedingungen zum Ort sozialer und kultureller Heterogenität werden. Sie können sich aber auch als Ort neuer Vergesellschaftungsmodi im Sinne der Herstellung moderner (sozialer und/oder kultureller) Homogenität erweisen.

Soziale Heterogenitäten bestimmten den Verlauf der deutschen Geschichte: beispielsweise aufgrund des Gegensatzes von geistlichem und weltlichem Adel, infolge des Widerspruchs von landesherrlich-feudaler Obrigkeit und Bürgertum, aufgrund des Klassenwiderspruchs von Arbeitern und Unternehmern (Lohnarbeit und Kapital), schließlich auch in Gestalt des Geschlechter- (Frauen vs. Männer) und des Generationenkonflikts (Jugendliche vs. Erwachsene). Die verschärfte Ausprägung sozialer Heterogenität hatte in der deutschen Geschichte stets die Entstehung Sozialer Bewegungen sowie die vermehrte Gründung von Gruppen, Hilfevereinen, Interessenverbänden und Förderorganisationen zur Folge.

Dies bestätigen u.a. die Entwicklungen in der Neuzeit, während der Phase der Industrialisierung in der zweiten Hälfte des 19. Jahrhunderts, während des Ersten Weltkrieges und danach, ferner im Anschluß an den Zweiten Weltkrieg. Bestehende Nonprofit-Organisationen erfuhren aufgrund der sozialen Auswirkungen von politischen und ökonomischen Krisen Expansions- und/oder Innovationsschübe. Nicht zuletzt wuchs allgemein die gesellschaftliche Bedeutung von Nonprofit-Organisationen in Zeiten sozialer und ökonomischer Krisen.

Kulturelle Heterogenitäten traten und treten in der deutschen Geschichte und Gegenwart in vielfältigen Zusammenhängen auf: als weltanschauliche Heterogenität von Katholiken und Protestanten, von Lutheranern und Calvinisten, von Christen und Juden, von Konfessionalisten ("Christen") und aufgeklärten "Freigeistigen"; als politische Heterogenität von Nationalisten und Internationalisten ("Multikulturalisten"); als landsmannschaftliche oder territoriale Heterogenität von "Städtern" und "Bauern", von "Preußen" und "Bajuwaren", von "Einheimischen" und "Zugereisten", von "Nordlichtern" und "Süddeutschen", in jüngster Zeit von "Ossis" und "Wessis"; schließlich sei auch hingewiesen auf heterogene sexuelle, subkulturelle und jugendliche Lebensstile.

Die kulturelle Heterogenität war ausschlaggebend für die Entstehung von Gruppen, Förderorganisationen, Hilfe- und Schutzvereinen. Ein Beispiel sind die zahlreichen Selbsthilfegruppen der 70er und 80er Jahre. Aber auch das Gegenteil ist der Fall: Gruppen können sich auch als konstitutiv erweisen für die Entstehung und Verfestigung kultureller und sozialer Heterogenität; die Fangruppen von Fußballvereinen sind ein Beispiel dafür, ein anderes sind Golf-Clubs, Rotary oder gewalttätige Nazi-Organisationen.

Zahlreiche der Nonprofit-Organisatioen bildeten bzw. bilden ein (klassen-, geschlechts- oder alters-)spezifisches Gruppen- bzw. (subkulturelles) Szene-Milieu aus oder sind Teil eines solchen. Die "Milieus" repräsentieren gesamtgesellschaftliche Heterogenität ebenso wie milieutypische Homogenität.

Die Geschichte der Nonprofit-Organisationen bestätigt die generelle These von der konstitutiven Bedeutsamkeit sozialer und kultureller Heterogenität (bzw. Homogenität). Sie gibt aber auch Hinweise darauf, daß Vereinigungen, die zunächst eine spezifische soziale oder kulturelle Homogenität aufgewiesen haben, diese im Laufe ihrer Entwicklung änderten: So entstanden in der ersten Hälfte des 19. Jahrhunderts zahlreiche protestantische Vereine, die ihre geistigen Wurzeln im Pietismus des 18. Jahrhunderts und in seiner Betonung des Laienengagements hatten. Bei der im 19. Jahrhundert auf dieser Tradition fußenden Gründung der Inneren Mission und ihrer örtlichen Vereine engagierten sich jedoch nicht die Laien und die Kritiker der Amtskirche, sondern die hohe Geistlichkeit und Mitglieder der lokalen Eliten. Deren Motivation war auch nicht in erster Linie geistig-religiöser Natur wie bei den Pietisten, sondern sie reagierten aufgeschreckt durch die Folgen der Industrialisierung: die Armut, die Arbeiterbewegung und die sozialistischen Ideen (siehe *Marx/Engels* 1978, 496).

Kurz: Die Intention der protestantischen Vereinsgründungen im 19. Jahrhundert war nicht dieselbe wie im 18. Jahrhundert. Ihren führenden Persönlichkeiten ging es in erster Linie darum, die Mittelklassen, und hier wiederum besonders die Frauen, für die christliche "Liebestätigkeit" zu mobilisieren. Vor allem war es das Ziel der Gründer, die Armen und die Angehörigen der Arbeiterklasse durch missionarische Erziehung und "Armenbesuche" im Sinne der Amtskirche zu christianisieren (vgl. *Dießenbacher* 1986), d.h. die soziale Heterogenität - den Klassenwiderspruch - durch kulturelle Homogenität ideologisch zu verschleiern.

III. Neuere, theoretisch und empirisch relevante Konzepte

Im vorausgegangenen Teil dieses Berichts habe ich den vorläufigen Stand der Forschungsergebnisse zu einigen wichtigen Fragestellungen referiert: zum Verhältnis von Staat und Nonprofit-Organisationen, zur Rolle von Religion und Kirchen sowie zur Bedeutung sozialer und kultureller Heterogenität. Im folgenden Teil werden neuere, theoretisch und empirisch relevante Konzepte vorgestellt. Zuvor ist aber nochmals darauf hinzuweisen, daß sich in der Bundesrepublik zahlreiche Wissenschaftsdisziplinen arbeitsteilig und - ihrem spezifischen Forschungs- und Erkenntnisinteresse entsprechend - mit Teilbereichen oder Ausschnitten des gesamten Nonprofit-Sektors befassen.

Exemplarisch zu erwähnen sind hier Forschungsbereiche und -richtungen wie z.B. die Verbändesoziologie, die Vereinsforschung, die Genossenschaftslehre, die Gewerkschaftsforschung, die Jugend- und Wohlfahrtsverbände-Forschung, die Kirchengeschichte, die politische und Parteien-Soziologie, die Soziologie Sozialer Bewegungen, entsprechende Zweige der Geschichtswissenschaft (u.a. die Sozialgeschichte der Arbeiter-, Jugend-, Frauen-, Naturfreunde-, Ökologiebewegung usw.), die Volkskunde, die Wirtschaftswissenschaft, die Betriebswirtschaft, die Finanzsoziologie, die Rechtswissenschaft, v.a. das Staats-, Sozial-, Arbeits-, Vereins- und Stiftungsrecht usw.

Dieser Sachverhalt hat einerseits zur Folge, daß die Darstellung der jeweiligen Theorieansätze ins Unermeßliche auszuufern droht bzw. daß der Anspruch ihrer wissenschaftlichen Bewertung die Kompetenz eines einzelnen bei weitem übersteigt. Andererseits muß offen bleiben, ob sich die teilbereichsspezifischen Ansätze verallgemeinern lassen und ob sie für die Gesamtheit der Nonprofit-Organisationen Gültigkeit beanspruchen können. Im folgenden wird deshalb zunächst ein kurzer Überblick über einige derjenigen Ansätze gegeben, zu denen in jüngerer Zeit publiziert worden ist. Anschließend werden die Theorieansätze der Forschung zum "Dritten Sektor" referiert. Zum Schluß wird der Intermediaritätsansatz vorgestellt.

III.1 Überblick über neuere Arbeiten

Unter der Fragestellung der "Vergesellschaftung sowie ... der Veränderung ihres Charakters und Modus" (*Bauer/Herrmann* 1992, 9) behandelt ein relativ aktueller Literaturbericht eine Reihe von relevanten Neuerscheinungen, die sich empirisch und theoretisch mit Nonprofit-Organisationen im Bereich Sozialer Dienstleistungen befassen. Mehrere dieser neueren Arbeiten machen geltend, daß die Nonprofit-Organisationen bzw. einzelne derselben vielfältige Möglichkeiten alternativer Arbeit - außerhalb der 'geregelten Arbeitsbeziehungen gegen Entlohnung' - erschließen. Außerdem bieten sie neue Chancen der Kooperation und neue Modi der Vergesellschaftung (vgl. *Breitkopf/Wohlfahrt* 1990; *Effinger* 1990; *Evers/Ostner/Wiesenthal* 1989; *Horch* 1983; *Offe/Heinze* 1990; *Zimmer* 1992).

Dies gilt in besonderer Weise für diejenigen Organisationen, die in den beiden zurückliegenden Jahrzehnten als institutionelle "Brückenköpfe" aus Sozialen Bewegungen hervorgegangen sind, wie z.B. die Selbsthilfegruppen der Gesundheitsbewegung (vgl. *Trojan/Hildebrandt* 1990; *Dalton/Kuechler* 1990). Historische Untersuchungen bestätigen, daß Sozialen Bewegungen bei der Entstehung und Entwicklung von Nonprofit-Organisationen eine entscheidende Rolle zukommt. Dies traf z.B. für die Frauenbewegung zu (vgl. *Sachße* 1986), ebenso für die Jugend-, Arbeiter-, Naturschutz-, Ökologie- oder Friedensbewegung. Aber auch nationalistische und faschistische Bewegungen institutionalisierten eigene Nonprofit-Organisationen (vgl. *Hansen* 1989; *Vorländer* 1988).

Andere der neueren Arbeiten widmen sich der wirtschaftlichen Bedeutung bzw. wirtschaftssoziologischen Aspekten der Nonprofit-Organisationen in ihrer Gesamtheit oder in Einzelbereichen (vgl. *Badelt* 1980; *Groll* 1991; *Horch* 1992). Ein wichtiges Sonderthema in diesem Zusammenhang ist der "schattenwirtschaftliche Anteil" von Nonprofit-Organisationen (vgl. *Jessen/Siebel/Siebel-Rebell/Walther/Weyerather* 1988; *Gross/Friedrich* 1988). Hinzuweisen ist auch auf eine Reihe von Neuveröffentlichungen zum Stiftungswesen (*Berkel/Neuhoff/Schindler/ Steinsdörfer* 1990; Maecenata Management 1994; *Seifart* 1987; *Strachwitz* 1994; Stifterverband für die Deutsche Wissenschaft 1969).

III.2 Forschung und Theoriebildung zum "Dritten Sektor"

Eine Reihe von bundesrepublikanischen Autorinnen und Autoren rechnet die Nonprofit-Organisationen der Kategorie des "Dritten Sektors" zu. Wolfgang *Seibel* hat in einem Beitrag über die theoretischen Erklärungsansätze der Organisationen des "Dritten Sektors" zusammenfassend festgestellt, daß "die Frage, warum es Organisationen dieses halbstaatlichen / halbprivaten Typs gibt, ... in der einschlägigen Literatur im wesentlichen aus zwei unterschiedlichen Perspektiven abgehandelt (wird): als Frage nach den historischen Entstehungsgründen bestimmter Organisationsformen und als Frage nach ihrer ökonomischen, politischen und soziologischen Funktion bzw. nach den Motiven ihrer Bevorzugung gegenüber staatlichen und marktlichen Alternativen" (*Seibel* 1992, 456).

Die auf die Analyse der historischen Entstehungsgründe hin ausgerichtete Forschung "steht unter der Leitfrage, wie das institutionelle Vakuum gefüllt wurde, das in Europa mit dem schrittweisen Zerfall der feudalen Ständeordnung durch die Herausbildung der bürgerlichen Gesellschaft entstand. ... Im 19. Jahrhundert entwickelte sich in

Deutschland eine Dialektik des Dritten Sektors zwischen Staat und Gesellschaft, sowohl der äußeren Form als auch dem politischen Inhalt nach. Es handelt sich um einen Prozeß der institutionellen Differenzierung, bei dem die Übergänge zwischen [aus der Mitte der Gesellschaft heraus] 'gewachsenen' und [durch staatliches Zutun] 'gewollten' Institutionen ... fließend sind und erst gegen Ende des Jahrhunderts in eine klare Trennung des öffentlichen und privaten Rechts und der öffentlichen und privatrechtlichen Körperschaften münden. In Preußen wurde durch die Städteordnung (...) und durch die Umwandlung ständischer Verbände (den späteren Kammern) einerseits den politischen und ökonomischen Bedürfnissen des Bürgertums Rechnung getragen und andererseits wurden 'vorgefundene ständische Institutionen zu Elementen einer dezentralisierten Staatsverwaltung umfunktioniert' (F. *Müller*)" (*Seibel* 1992, 456 f.).

Dem ist ebenso zuzustimmen, wie auch der folgenden Feststellung *Seibels* (1992, 457): "Politisch ambivalent, sowohl im Hinblick auf das eigene Selbstverständnis als auch im Hinblick auf das Verhalten der Obrigkeit blieben die 'Assoziationen', die Vereine und Verbände. Sie werden einerseits als Organisationsformen der Emanzipation des Bürgertums und der Arbeiterklasse, andererseits als Mechanismen der Integration in die neu entstandene bürgerliche Gesellschaftsordnung konzipiert und interpretiert."

Außer den historischen Begründungen finden sich in der bundesdeutschen Literatur auch verschiedene sozialwissenschaftliche Analysen, die auf die ökonomische, politische oder soziologische Funktion von Organisationen des "Dritten Sektors" abheben bzw. auf die Motive ihrer Bevorzugung gegenüber staatlichen und marktlichen Alternativen. Z.B. erklärt die Theorie des "Staatsversagens" die Entstehung und den Stellenwert von Nonprofit-Organisationen damit, daß letztere auf wechselnde und unterschiedlich starke Präferenzen der Bürger für öffentliche Güter "nicht nur flexibler als staatliche Strukturen ...(reagieren), sie sind auch weniger bürokratisch und deshalb effizienter als öffentliche Behörden" (*Seibel* 1992, 459 f.). Für das "Marktversagen" seien vor allem "die Problematik der externen Effekte sowie verschiedene Facetten des

Phänomens der unvollständigen Information von Relevanz" (*Badelt* 1992, 1321).

Eine kritische Theorie des "Dritten Sektors" habe daher - so *Seibel* (1992, 460) - auch dessen "politische und ressourcielle Entlastungs- funktion in Rechnung zu stellen. Nicht immer löst der Dritte Sektor soziale und politische Probleme durch demokratischere Strukturen oder einen höheren Grad an organisatorischer Effizienz als sie im öffentlichen Sektor anzutreffen sind. Auch das Gegenteil ist denkbar. Wo Steuerung und Kontrolle weder durch den Markt noch durch einklagbare Rechte und die Weisungshierarchie eines Behördenaufbaus erfolgt, sind Ineffizienz und undurchsichtige Entscheidungs- und Kontrollstrukturen nicht unwahrscheinlich. ... Der Vorteil, den der Dritte Sektor hier bietet, liegt vor allem in der Legitimationssicherung des politischen Systems, das zur Lösung dieser Probleme aus unterschiedlichen Gründen nicht in der Lage ist."

III.3 Intermediarität und Mediatisierung

Der theoretische Ansatz der Intermediarität stellt einen Versuch dar, das "Soll" und "Haben", welches sowohl bei den historischen Analysen als auch bei den wirtschafts- und sozialwissenschaftlichen Erklä- rungsansätzen der Nonprofit-Organisationen in einer widersprüchlichen Bilanz verrechnet wird, auf die Weise zu interpretieren, daß es sich um die 'zwei Seiten einer Medaille' handelt, die sich gegenseitig ergänzen und nicht ausschließen.

Der Begriff "Intermediarität" bezeichnet und kennzeichnet ein spezi- fisches Merkmal des gesellschaftlich-institutionellen Arrangements von Gruppen, Vereinen, Verbänden, Genossenschaften und Stiftungen, welche in ihrer Gesamtheit ein organisatorisches Medium für das Zustandekommen und die Abwicklung von Vermittlungs- und Aus- tauschprozessen in modernen bürgerlichen Gesellschaften bilden.

Im Unterschied zu den ständischen Verbindlichkeiten von Tugenden und Geboten feudaler Gesellschaften, in denen Über- und Unterordnung, Reichtum und Armut als (gott-)gegeben erscheinen mochten, wurde im Zuge der Aufklärung das Individuum zu sich selbst befreit. Da die Individuen sich aber zur gleichen Zeit sowohl gegen den sich konstituierenden absolutistischen Staat als auch gegen die Eigengesetzlichkeit des kapitalistischen Marktes zur Wehr zu setzen hatten, mußten sie sich verbünden: Das einzelne Individuum mußte seine Bedürfnisse mit denen der anderen bündeln und - wie die Geschichte bestätigt - als gemeinsames ("assoziiertes") Interesse in der Öffentlichkeit zur Geltung bringen.

Die Notwendigkeit und der Prozeß dieses Sich-Verbündens und der Bedürfnis-Bündelung führten seit dem 18. Jahrhundert und vermehrt im 19. Jahrhundert zur Entstehung jenes komplexen gesellschaftlich-institutionellen Arrangements, welches intermediäre Austauschprozesse ermöglicht. Dieses Arrangement bildet auf der Ebene der formellen (d.h. der betrieblichen und der bürokratischen) Systeme "Markt" und "Staat" - mit den für diese Systeme typischen Steuerungsmedien Vertrag und Geld bzw. Macht und Recht) ein Zwischenglied, welches (im Unterschied zum Staat) nicht auf Macht basiert und (im Gegensatz zum Markt) nicht profitorientiert ist, das aber - wie der Markt - auf freiwilliger Vertraglichkeit basiert und - wie der Staat - das allgemeine Wohl und den "gemeinen Nutzen" (Gemeinnützigkeit) zum Ziel hat.

Die gesellschaftlich-institutionellen Arrangements der zwischen "Markt" und "Staat" angesiedelten Nonprofit-Organisationen sind jedoch nicht nur "Vermittlungsinstanz", sondern sie bilden in dieser Eigenschaft auch besondere "Nischen" innerhalb der Gesellschaft. Die Nonprofit-Organisationen reduzieren als "erfolgreich scheiternde" (*Seibel* 1992) die Kontrollwirkungen marktlicher und verfassungsstaatlicher Strukturen und erleichtern so den Umgang mit unlösbaren Problemen.

Die "erfolgreich scheiternden (Nonprofit-)Organisationen" bilden außerdem einen weiteren Vermittlungsbereich im Spannungsverhältnis zwischen den formellen Systemen der "bürokratischen Welten" (*Billis*

1989) einerseits und der "persönlichen Welt" der Einzelindividuen in der informellen Sphäre andererseits. Die Funktion dieses weiteren Vermittlungsbereichs kann in der Weise erklärt und verstanden werden kann, daß er dazu beiträgt, die "Entkoppelung von System und Lebenswelt" (*Habermas* 1981 II, 229) zu überbrücken.

Aufgrund der Intermediarität erweisen sich Nonprofit-Organisationen deshalb als "Zwischenträger in 'gesamtgesellschaftlichen' Integrationsprozessen", und zwar als Zwischenträger, die "mit mindestens zwei wichtigen Umwelten zur gleichen Zeit interagieren ...: nach 'unten' mit einer mehr oder weniger 'freiwilligen' Mitgliedschaft oder Klientel - oder allgemeiner: einer der Organisation gegenüber 'primären' Sozial- und Wertestruktur - und nach 'oben' mit einer institutionellen Umgebung, in der sie (mehr oder weniger organisierte) Organisationen unter anderen sind" (*Streeck* 1987, 4).

Die Vermittlungsleistung zwischen den "bürokratischen Welten" und der "persönlichen Welt" gelingt, weil die intermediären Nonprofit-Organisationen Freiwilligkeit einerseits und Gemeinwohlorientierung andererseits mit einem dritten Element verbinden: mit der weltanschaulichen (bzw. ideologischen) Programmatik von informellen Gemeinschaften. Intermediarität im Sinn der Vermittlung von "System und Lebenswelt" - von Klienten- bzw. "Mitgliederinteressen und Gemeinwohl" (vgl. *Mayntz* 1992) - wirft aber auch die Frage der Mediatisierung der Subjekte auf.

Der Begriff der Mediatisierung hat in der Geschichtswissenschaft eine klar umrissene Bedeutung und kennzeichnet "die Unterwerfung bisher Reichsunmittelbarer unter die Landeshoheit anderer Territorien" (*Fuchs/Raab* 1972, 522). Im Rahmen der Wohlfahrtsverbände-Forschung dient der Begriff zur inhaltlichen Kennzeichnung der Vermittlungsfunktionen, die durch intermediäre Nonprofit-Organisationen geleistet werden.

Mediatisierung besagt hier, daß direkte (unmittelbare) Beziehungen umgeformt werden zu indirekten (mittelbaren) Beziehungen. D.h. einerseits, daß die Subjekte der informellen lebensweltlichen Sphäre durch das

Dazwischentreten intermediärer Nonprofit-Organisationen davon befreit sind, unmittelbar Objekte von "Staat" und "Markt" und diesen direkt unterworfen zu sein. Gleichzeitig werden andererseits die formellen Sektoren "Staat" und "Markt" durch die intermediären Zwischeninstanzen davon entlastet, sich unmittelbar dem Publikum - den Mitgliedern oder Klienten - gegenüber legitimieren zu müssen.

Das bedeutet aber auch: Erstens, indem die intermediären Nonprofit-Organisationen die Subjekte der "lebensweltlich"-informellen Sphäre mediatisieren (d.h. sich unterwerfen), nehmen sie Funktionen wahr, welche von ihrem Ursprung her Funktionen des "Staates" bzw. des "Marktes" sind. Zweitens sind sie deshalb einerseits an der staatlichen Macht beteiligt und gewinnen Macht dazu, andererseits sind sie über das Geld an den wirtschaftlichen Konjunkturverlauf gebunden.

Unter bestimmten historischen und gesellschaftlichen Bedingungen hat Mediatisierung deshalb zur Folge, daß durch die intermediären Nonprofit-Organisationen "die sozialstrukturellen Interessenwidersprüche entschärft werden " (*Bauer* 1978, 46). Das beweist die deutsche Geschichte im 19. Jahrhundert, in der Weimarer Zeit und besonders während des Nationalsozialismus. Aber auch die gegenwärtige Situation muß unter dieser Hypothese analysiert werden. Sie besagt, daß intermediäre Nonprofit-Organisationen dazu beitragen, Partizipation zu verhindern und Veränderungspotentiale zu blockieren. Diese Aussage steht zwar in einem Widerspruch zu derjenigen, die behauptet, daß die Nonprofit-Organisationen durchaus partizipative und emanzipatorische Chancen eröffnen. Aber dieser Widerspruch existiert nur scheinbar, weil dabei der jeweilige historische und gesamtgesellschaftliche Kontext ausgeblendet wird.

IV. Praktische Schlußfolgerungen

Nachdem ich eine Reihe neuerer theoretisch und empirisch relevanter Konzepte vorgestellt habe, möchte ich - wiederum auf der Grundlage einer Gegenüberstellung der USA und der Bundesrepublik - einige praktische Schlußfolgerungen ziehen und diese in provozierender Absicht zur Diskussion stellen.

Erinnern wir uns: Auch in den Vereinigten Staaten ist die NPO-Begrifflichkeit nicht einheitlich, sind die Definitionen problematisch, gibt es keine "general theory". Ferner sind Zweifel angebracht, ob sich die theoretischen Erklärungsansätze unbesehen auf die Nonprofit-Organisationen anderer Länder, vor allem auf die der Bundesrepublik, übertragen lassen. Zugleich aber existiert in den USA, anders als in der BRD, eine wohl etablierte, anerkannte NPO-Forschung.

Beim dem Versuch, die Unterschiede zwischen den USA und der BRD zu erklären, fällt zunächst auf, daß die NPO-Forschung in den USA einen hohen Institutionalisierungsgrad aufweist. Sie erfährt ferner öffentliche Aufmerksamkeit und gezielte Förderung. In den USA gibt es eine große wissenschaftliche Gesellschaft, die "Association for Research on Nonprofit Organizations and Voluntary Action" (ARNOVA). Auch die Gründung einer internationalen Gesellschaft, der "International Society for Third Sector Research" (ISTR), ist hauptsächlich von den Vereinigten Staaten ausgegangen.

In den USA werden mehrere wissenschaftliche Zeitschriften herausgegeben - darunter "Nonprofit and Voluntary Sector Quarterly" (NVSQ) sowie "Leadership & Management". Weitere Zeitschriften erscheinen unter maßgeblicher Beteiligung von US-Wissenschaftlern - z.B. "Voluntas: International Journal of Voluntary and Non-Profit Organisations" (der deutsche Untertitel von "Voluntas" lautet: "Internationale Zeitschrift zum Verbands- und Vereinswesen").

NPO-Forschung findet in den USA an den Universitäten statt, z.B. an der Johns Hopkins University in Baltimore und an der Yale University. Aber auch außerhalb der Universitäten wird geforscht, beispielsweise seitens der Organisation "Independent Sector" (IS).

Regelmäßig werden in den USA Tagungen veranstaltet, auf denen die neuen Forschungsergebnisse vorgestellt und diskutiert werden, beispielsweise die "Annual Conference" von ARNOVA und das "Spring Research Forum" von IS. Und nicht zu vergessen: Der NPO-Bereich selbst fördert und finanziert in erheblichem Umfang die ihn betreffenden Forschungen und Projekte.

Aus der Bundesrepublik kann Vergleichbares nicht berichtet werden. Es existiert keine wissenschaftliche Gesellschaft der NPO-Forscherinnen und -Forscher. Die deutschen wissenschaftlichen Gesellschaften sind vorwiegend Standesorganisationen und disziplinär ausgerichtet, z.B. die DGS (Deutsche Gesellschaft für Soziologie) und die DVPW (Deutsche Vereinigung für Politische Wissenschaft). Im Rahmen dieser Gesellschaften ist es zwar - wie beispielsweise bei den Soziologentagen - möglich, eine thematisch relevante Ad-hoc-Gruppe einzurichten; so geschehen 1990 in Frankfurt am Main und 1992 in Düsseldorf. Die Aufmerksamkeit für den Gegenstand selbst aber geht unter bei der überbordenden Fülle anderer Bindestrich-Fächer und angesichts der disziplinären Nabelschau.

Es gibt kein Mitteilungsblatt und keine einschlägige wissenschaftliche Zeitschrift. Das Mitteilungsblatt "Kritische Philanthropie", ein vor Jahren in Bremen gestarteter Versuch, hat es auf eine Null-Nummer gebracht und ist dann sanft entschlafen. Ein ähnliches Projekt in Kassel steckt m.W. immer noch in der Planung und hofft auf Finanzierung. Zeitschriften wie "Verein und Management" oder "Social Management" sind relativ unbekannt und lassen sich nicht mit den wissenschaftlichen Publikationsorganen in den USA vergleichen. Infolgedessen haben sich das "Forschungsjournal Neue Soziale Bewegungen" und "CONTRASTE. Die Monatszeitung für Selbstverwaltung" zu 'heimlichen' NPO-Organen entwickelt.

Inzwischen fanden auch mehrere Tagungen statt. Soweit ich es übersehen kann, beschränkten diese sich allerdings vor allem auf den Teilbereich der Wohlfahrtsverbände, zum Teil ergänzt um die Jugendverbände. Der zeitliche Abstand dieser Kongresse verleitet nicht zum Optimismus: 1982 in Bremen, 1985 in Münster, 1993 in Halle. Die NPO-Forschung an den Universitäten steckt weitgehend noch in den

Kinderschuhen. Aus Hagen ist eine Institutsneugründung - "five" (Forschungsinstitut Verbände) - zu vermelden, die unter der Leitung von Ulrich *von Alemann* arbeitet. *Alemann* ist auch Organisator des Workshops "Wirtschafts- und Sozialpolitische Interessenvermittlung", der vom Arbeitskreis Verbände in der Sektion Politische Soziologie der DVPW ins Leben gerufen worden ist.

Nennenswerte außeruniversitäre Forschungungen betreiben das Prognos-Institut und das Demoskopische Institut Allensbach. Finanziert wird diese Auftragsforschung v.a. durch die Bank für Sozialwirtschaft und die Bundesarbeitsgemeinschaft der Freien Wohlfahrtspflege. Die Ergebnisse landen zumeist in Schreibtischschubladen und werden bei Mißfallen von den Auftraggebern angezweifelt.

Lassen sich auf der Grundlage dieser Schilderung neue Impulse gewinnen? Ob die Antwort auf diese Frage positiv ausfällt, hängt meines Erachtens von den Akteuren ab. Auf die Gefahr hin - besser: in der Hoffnung -, Widerspruch zu ernten, behaupte ich zunächst, daß die Voraussetzungen in der Bundesrepublik nicht besonders günstig sind. Bei den Akteuren, auf die es ankäme, sind zu unterscheiden: die Wissenschaftler, die Funktionsträger auf Seiten der Nonprofit-Organisationen und schließlich die Öffentlichkeit.

Die Wissenschaftlerinnen und Wissenschaftler müßten das Risiko auf sich nehmen, der Dominanz der disziplinären Großgesellschaften eine eigene, themen- und problemorientierte, interdisziplinäre Organisation entgegenzusetzen. Ein solches 'Unternehmen' halte ich aber nur dann für aussichtsreich, wenn sich in dieser Organisation Wissenschaftler mehrerer Disziplinen und aus mehreren Ländern zusammenfinden. Das Colloquium hier in Fribourg scheint mir ein guter Anfang zu sein.

Auf Seiten der Nonprofit-Organisationen müßten diejenigen Funktionsträger gewonnen werden, welche die Gründung einer interdisziplinären Organisation von NPO-Wissenschaftlern nicht etwa als Bedrohung empfinden, sondern die deren Förderung und die Finanzierung der NPO-Forschung zu ihrer eigenen Sache machen. Die Finanzierung der interdisziplinären NPO-Forschung kann m.e. - was die Bundesrepublik betrifft - nicht von disziplinär verkrusteten Förderungsinstitutionen wie der "Deutschen Forschungsgemeinschaft" (DFG) erwartet werden.

Es ist deshalb auch notwendig, ein öffentliches Klima zu schaffen, das den Nonprofit-Organisationen und der NPO-Forschung förderlich ist. Ob das zu bewerkstelligen sein wird, hängt wesentlich aber auch davon ab, ob ein Zusammenschluß der Forscherinnen und Forscher gelingt und ob wir sowohl die Akteure auf Seiten der Nonprofit-Organisationen als auch die Medien interessieren und gewinnen können. Zusätzlich scheint es mir wichtig zu klären, ob wir uns in der Lage sehen, regelmäßige Tagungen durchzuführen, ein gemeinsames Publikationsorgan herauszugeben (mit Beiträgen, Forschungsberichten, Rezensionen und Mitteilungen) und - auf mittlere Sicht - eine Geschäftsstelle einzurichten.

Wenn es uns im Laufe der nächsten Jahre gelingen sollte, organisatorisch ein gutes Stück voranzukommen, zweifle ich nicht daran, daß sich für die NPO-Forschung - auch in der Bundesrepublik - neue Impulse ergeben und gemeinsame, auch länderübergreifende Projekte realisiert werden können.

Literatur

Agricola, S. / Wehr, P.: Vereinswesen in Deutschland. Eine Expertise im Auftrag des Bundesministeriums für Familie und Senioren; Stuttgart, Berlin, Köln 1993

Anheier, H.K. / Salamon, L.M.: Die Internationale Systematik der Nonprofit-Organisationen. Zur Definition und Klassifikation des "Dritten Sektors" intermediärer Organisationen; in: Bauer, R., Intermediäre Nonprofit-Organisationen in einem Neuen Europa; Rheinfelden, Berlin, 1993, S. 1 - 16

Artus, H.M.: "Sozialwissenschaftliche Vereinsforschung im deutsch-sprachigen Raum: eine integrierte Literatur- und Forschungs-dokumentation"; in: Best 1993, 251 - 564

Badelt, Ch.: Sozioökonomie der Selbstorganisation. Beispiele zur Bür-gerselbsthilfe und ihre wirtschaftliche Bedeutung; Frankfurt am Main / New York, 1980

Badelt, Ch.: Verbandliche Wohlfahrtspflege in Österreich; in: Bauer, R. / Thränhardt A.-M. (Hg.), Verbandliche Wohlfahrtspflege im internationalen Vergleich; Opladen, 1987, S. 33 - 52

Bauer, R.: Wohlfahrtsverbände in der Bundesrepublik; Weinheim, Basel, 1978

Bauer, R.: "Intermediäre Hilfesysteme personenbezogener Dienst-leistungen in zehn Ländern"; in: Bauer / Thränhardt (Hg.): Ver-bandliche Wohlfahrtspflege im internationalen Vergleich; Opladen, 1987, S. 9 - 30

Bauer, R.: "Voluntary Welfare Associations in Germany and the United States: Theses on the Historical Development of Intermediary Systems"; in: Voluntas. International Journal of Voluntary and Non-Profit Organisations 1 (1990), no. 1, p. 97 - 111

Bauer, R.: "Zwischen Skylla und Charybdis: Das intermediäre Hilfe- und Dienstleistungssystem"; in: Schweizerische Zeitschrift für Sozio-logie / Revue suisse de sociologie 2 (1990), S. 153 - 172

Bauer, R. (Hg.): Intermediarität und Modernisierung. Zur Soziologie von Wohlfahrtsorganisationen; Bremen, 1991

Bauer, R.: "Intermediäre Instanzen im Strukturwandel der Sozialpolitik. Kommen intermediäre Hilfe- und Dienstleistungsorganisationen als Akteure des sozialpolitischen Strukturwandels in Frage oder sind sie Agenturen zu seiner Verhinderung?"; in: Österreichische Zeitschrift für Soziologie, 16. Jg., Heft 1/1991 (1991b), 74 - 91

Bauer, R.: "Lokale Politikforschung und Korporatimus-Ansatz. Kritik und Plädoyer für das Konzept der Intermediarität"; in: Heinelt, H. / Wollmann, H. (Hg.): Brennpunkt Stadt. Stadtpolitik und lokale Politikforschung in den 80er und 90er Jahren; Basel / Boston / Berlin, 1991c, 207 - 220

Bauer, R. / Herrmann, P.: "Soziale Dienstleistungen und 'Dritter Sektor': Intermediarität als alternativer Vergesellschaftungsmodus"; in:

Sozialwissenschaftliche Literatur Rundschau, 14. Jg. (1992), Heft 25, 7 - 25

Bauer, R. / Thränhardt, A.-M. (Hg.): Verbandliche Wohlfahrtspflege im internationalen Vergleich; Opladen, 1987, 9 - 30

Berkel, Ute / Neuhoff, Klaus / Schindler, Ambros / Steinsdörfer, Erich (1990): Stiftungshandbuch. 3. Aufl. Baden-Baden: Nomos Verlagsgesellschaft (= Schriftenreihe zum Stiftungswesen, Bd. 1).

Best, H.: Vereine in Deutschland; Bonn, 1993

Billis, D.: A Theory of the Voluntary Sector. Implications for Policy and Practice; The Centre for Voluntary Organisation; London, 1989 (Working Paper 5)

Breitkopf, H. / Wohlfahrt, N.: Sozialpolitik jenseits von Markt und Staat? Beiträge zur Analyse der Entwicklung einer gesellschaftspolitischen Alternative; Bielefeld, 1990

Breitling, R.: Die Verbände in der Bundesrepublik; Meisenheim am Glan, 1955

Brunckhorst, H.-D.: Kommunalisierung im 19. Jahrhundert, dargestellt am Beispiel der Gaswirtschaft in Deutschland; München, 1979

Dalton, R. J. / Kuechler, M. (eds.): Challenging the Political Order. New Social and Political Movements in Western Democracies; Cambridge, 1990

Dießenbacher, H.: "Der Armenbesucher: Missionar im eigenen Land"; in: Sachße, Ch. / Tennstedt, F. (Hg.): Soziale Sicherheit und soziale Disziplinierung; Frankfurt/Main, 1986, 209 - 244

Effinger, H.: Individualisierung und neue Formen der Kooperation. Bedingungen und Wandel alternativer Arbeits- und Angebotsformen; Wiesbaden, 1990

Eifert, Ch.: Frauenpolitik und Wohlfahrtspflege. Zur Geschichte der sozialdemokratischen "Arbeiterwohlfahrt"; Frankfurt am Main, New York, 1993

Eschenburg, Th.: Herrschaft der Verbände; Stuttgart, 1955.

Esping-Andersen, G.: "Der Einfluß politischer Macht auf die Entwicklung des Wohlfahrtsstaates im internationalen Vergleich"; in: Naschold, F. (Hg.), Arbeit und Politik. Gesellschaftliche Regulierung der Arbeit und der sozialen Sicherheit; Frankfurt am Main, New York, 1985, S. 467 - 503

Evers, A. / Ostner, I. / Wiesenthal, H.: Arbeit und Engagement im interme-
    diären Bereich. Zum Verhältnis von Beschäftigung und Selbst-
    organisation in der lokalen Sozialpolitik; Augsburg, 1989
Forsthoff, E.: Deutsche Verfassungsgeschichte der Neuzeit, 4. Aufl.;
    1972
Forth, Th.P.: "Kommunalisierung"; in: LSG 1992, 1182
Fraenkel, E.: "Der Pluralismus als Strukturelement der freiheitlich-
    rechtsstaatlichen Demokratie"; 1968a; in: Fraenkel 1968b
Fraenkel, E.: Deutschland und die westlichen Demokratien. 3. Aufl.;
    Stuttgart, 1968b
Fuchs, K. / Raab, H.: dtv-Wörterbuch zur Geschichte. 2 Bände, 6. Aufl.;
    München, 1987
Groll, E.: Die freie Wohlfahrtspflege als eigener Wirtschaftsfaktor.
    Theorie und Empirie ihrer Verbände und Einrichtungen; Baden-
    Baden, 1991
Gross, P. / Friedrich, P.: Positive Wirkungen der Schattenwirtschaft?
    Baden-Baden, 1988
Grunow, D.: "Lokale Sozialpolitik"; in: LSG 1992, 1308 - 1310
Habermas, J.: Strukturwandel der Öffentlichkeit. Untersuchungen zu
    einer Kategorie der bürgerlichen Öffentlichkeit; Neuwied, 1962
Hansen, E.: Wohlfahrtspolitik im NS-Staat; Augsburg, 1991
Heinze, R. G. (Hg.): Neue Subsidiarität - Leitidee für eine künftige
    Sozialpolitik? Opladen, 1986
Heinze, R. G. / Olk, Th. / Hilbert, J.: Der neue Sozialstaat. Analyse und
    Reformperspektiven; Freiburg im Breisgau, 1988
Heinze, R. G.: Verbändepolitik und "Neokorporatismus". Zur politischen
    Soziologie organisierter Interessen; Opladen, 1981
Heitzer, H.: Der Volksverein für das katholische Deutschland im
    Kaiserreich 1890-1918; Mainz, 1979
Herrmann, C.: "Wohlfahrtsverbände und Bürgerinteressen. Wie Belange
    von Benachteiligten interpretiert und gefiltert werden"; in: Bauer, R.
    / Dießenbacher, H. (Hg.): Organisierte Nächstenliebe. Wohlfahrts-
    verbände und Selbsthilfe in der Krise des Sozialstaats; Opladen,
    1984, 67 - 77.

Horch, H.-D.: Geld, Macht und Engagement in freiwilligen Vereinigungen. Grundlagen einer Wirtschaftssoziologie von Non-Profit-Organisationen; Berlin, 1992

Horch, H.-D.: Strukturbesonderheiten freiwilliger Vereinigungen. Analyse und Untersuchung einer alternativen Form menschlichen Zusammenarbeitens; Frankfurt am Main / New York, 1983

Huber, H.: Recht, Staat und Gesellschaft; o.O., 1954

Jessen, J. / Siebel, W. / Siebel-Rebell, Ch. / Walther, U.-J. / Weyrather, I.: Arbeit nach der Arbeit. Schattenwirtschaft, Wertewandel und Industriearbeit; Opladen, 1988

Kaiser, J.-Ch.: Sozialer Protestantismus im 20. Jahrhundert. Beiträge zur Geschichte der Inneren Mission 1914 - 1945; München, 1989

Kaiser, J.-Ch.: Sozialer Protestantismus im 20. Jahrhundert. Beiträge zur Geschichte der Inneren Mission 1914 - 1945; München, 1989

Krüger, Herbert: Allgemeine Staatslehre; Stuttgart, 1964

LSG (= Lexikon des Sozial- und Gesundheitswesens, hg. von Rudolph Bauer; 3 Bde.); München, 1992

Maecenata Management GmbH (1994), Hg.: Maecanata Stiftungsführer. 1111 Förderstiftungen. 1994. München: Maecenata Management GmbH.

Marcuse, L.: Amerikanisches Philosophieren. Pragmatisten, Polytheisten, Tragiker; Hamburg, 1959

Marx, K. / Engels, F., "Manifest der Kommunistischen Partei"; in: Marx-Engels-Werke, Bd. 4; Berlin, 1964, 459-493

Mayntz, R. (Hg.): Verbände zwischen Mitgliederinteressen und Gemeinwohl; Gütersloh, 1992

Offe, C. / Heinze, R. G.: Organisierte Eigenarbeit. Das Modell "Kooperationsring"; Frankfurt am Main / New York, 1990

Offe, C.: "Politische Herrschaft und Klassenstrukturen. Zur Analyse spätkapitalistischer Gesellschaftssysteme"; in: Kreß, G. / Senghaas, D. (1969), Hg.: Politikwissenschaft. Eine Einführung in ihre Probleme; Frankfurt am Main, 1969, 155 - 189

Olk, Th. / Heinze, R.G.: "Die Bürokratisierung der Nächstenliebe"; in: Sachße, Ch. / Tennstedt, F. (Hg.), Jahrbuch der Sozialarbeit 4; Reinbek, 1981, S. 233 - 271

Peters, H.: Moderne Fürsorge und ihre Legitimation; Köln, 1968

Preuß, U. K.: Zum staatsrechtlichen Begriff des Öffentlichen, untersucht am Beispiel des verfassungsrechtlichen Status kultureller Organisationen; Stuttgart, 1969

Reyer, J.: "Die Rechtsstellung und der Entfaltungsraum der Privatwohltätigkeit im 19. Jahrhundert in Deutschland, Vorschläge zur sozialhistorischen Verortung"; in: Bauer, R. (Hg.): Die liebe Not. Zur historischen Kontinuität der "Freien Wohlfahrtspflege"; Weinheim / Basel, 1984, 28-51

Rinken, A.: Das Öffentliche als verfassungstheoretisches Problem, dargestellt am Rechtsstatus der Wohlfahrtsverbände; Berlin, 1971

Sachße, Ch.: Mütterlichkeit als Beruf. Sozialarbeit, Sozialreform und Frauenbewegung; Frankfurt am Main, 1986

Schmitt, C.: Der Begriff des Politischen. Neudruck; Berlin, 1964

Schneider, L.: Subsidiäre Gesellschaft. Implikative und analoge Aspekte eines Sozialprinzips. Paderborn / München / Wien / Zürich, 1983

Seibel, W., "Nonprofit-Organisationen"; in: Bauer, R. (Hg.): Lexikon des Sozial- und Gesundheitswesens, Bd. 2; München, Wien, 1992, S. 1427 - 1429

Seifart, Werner (1987), Hg.: Handbuch des Stiftungsrechts. München: C.H. Beck'sche Verlagsbuchhandlung.

Stifterverband für die Deutsche Wissenschaft (1969), Hg.: Deutsche Stiftungen für Wissenschaft, Bildung und Kultur. Baden Baden: Nomos Verlag.

Strachwitz, Rupert Graf (1994): Stiftungen - nutzen, führen und einrichten: ein Handbuch. Frankfurt/Main, New York.

Streeck, W.: Vielfalt und Interdependenz. Probleme intermediärer Organisationen in sich ändernden Umwelten; Berlin, 1987

Thränhardt, Dietrich: Established Charity Organizations, Self-Help Groups and New Social Movements in Germany; Münster, 1987

Trojan, A. / Hildebrandt, H. (Hg.): Brücken zwischen Bürgern und Behörden. Innovative Strukturen für Gesundheitsförderung; St. Augustin, 1990

Voigt, R. (Hg.): Verrechtlichung; Königstein/Ts., 1980

Vorländer, H.: Die NSV. Darstellung und Dokumentation einer nationalsozialistischen Organisation. Boppord am Rhein, 1988

Wambach, M. M.: Verbändestaat und Parteienoligopol. Macht und Ohmacht der Vertriebenenverbände; Stuttgart, 1971

Wanders, Bernhard: Zwischen Dienstleistungsunternehmen und politischer Basisbewegung. Mieterorganisation in der Bundesrepublik Deutschland; München, 1984

Weber, W.: Der Staat und die Verbände; o.O., 1957

Wegener, R.: Staat und Verbände im Sachbereich Wohlfahrtspflege. Eine Studie zum Verhältnis von Staat, Kirche und Gesellschaft im politischen Gemeinwesen; Berlin, 1978

Weisbrod, B. (ed.): The Nonprofit Voluntary Sector; Lexington Books, 1977

Zeuner, Bodo: "Verbandsforschung und Pluralismustheorie. Etatozentrische Fehlorientierungen politologischer Empirie und Theorie"; in: Leviathan 2 (1976), S. 131 - 177

Ziessow, K.-H.: "Lesegesellschaften"; in: LSG 1992, 1296-1299

Zimmer, A.: Vereine heute - zwischen Tradition und Innovation. Ein Beitrag zur Dritten-Sektor-Forschung; Basel / Boston / Berlin, 1992

NPO-Forschung in der Schweiz

Robert PURTSCHERT, Fribourg

Die **Wirtschafts- und Sozialwissenschaften** des deutschsprachigen Raumes befassen sich schwerpunktmässig mit den Unternehmen, den Haushalten und dem Staat. Die Nonprofit-Organisationen (NPO) wurden mit Ausnahme des Genossenschaftswesens weitestgehend übersehen.

Das *Forschungsinstitut für Verbands- und Genossenschafts-Management* hat als Forschungsobjekt eine bestimmte Gruppe der NPO, und zwar die privatwirtschaftlichen, gewählt, jedoch zu dessen Beschreibung/Erfassung einen fächerübergreifenden/interdisziplinären, funktional-orientierten Ansatz gewählt, nämlich die **Managementprobleme von NPO**. Deren Beschreibung und Erfassung soll als Fernziel zu einer **Managementlehre für Nonprofit-Organisationen** führen.

Unser *Forschungsinstitut* befasste sich ursprünglich nur mit **mitgliederorientierten Nonprofit-Organisationen** (den Verbänden der Wirtschaft, Freizeit und der Arbeitswelt), hat aber mit der Zeit das Spektrum auf karitative und andere **private NPO** erweitert. Staatliche NPO sind jedoch nicht Gegenstand unserer Forschung.

Im folgenden wird zunächst versucht, einen Überblick zur NPO-Lehre und -Forschung in der deutschsprachigen *Schweiz* zu gewinnen. Anschliessend soll Entstehung, Entwicklung und aktuelles Angebot an NPO-Lehre und -Forschung des *Forschungsinstitutes für Verbands- und Genossenschafts-Management* skizziert werden.

I. Überblick zur NPO-Lehre und Forschung in der deutschsprachigen Schweiz

1. Zur Geschichte[1]

Erst in den zwanziger und dreissiger Jahren, besonders ausgeprägt aber nach dem zweiten Weltkrieg, setzte sich die Wissenschaft mit dem Phänomen **'Organisationen ohne Erwerbscharakter'** (NPO) auseinander. Zuerst und lange Zeit hat sich vor allem die **Rechtswissenschaft**, und zwar die **Staats- und Verfassungslehre** (Hans *Huber*, Max *Imboden*) systematisch mit dem Problem befasst. Nach und nach gesellten sich auch die **Soziologie**, die **Politischen Wissenschaften** sowie die **Wirtschaftswissenschaften** der Verbandsforschung zu. Aufschlussreich ist die Tatsache, dass zahlreiche *Schweizer* Autoren sich massgeblich an der Diskussion beteiligt haben (W. *Büchi*, E. *Gruner*, H. *Huber*, E. *Küng*, J. *Werner*).

In der ersten Phase der **Verbandsforschung** lag das Schwergewicht bei der **Beschreibung**, der **Begriffsbildung** und **Typologie**, um die Vielfalt der Erscheinungsformen zu erfassen (R. *Breitling* 1955, E. *Gruner* 1956, J. *Werner* 1957, E. *Grochla* 1959). Diese Phase dürfte heute weitgehend abgeschlossen sein, wobei die *Freiburger* Dissertation von Peter *Schwarz* (1979) - so das Urteil von W.W. *Engelhardt* - als vorläufiger Abschluss dieser Arbeiten betrachtet werden kann. Sein wesentliches Verdienst besteht darin, die möglichen **Strategien des Verbandshandelns** (Struktur des Leistungsprogrammes) herausgestellt zu haben.

2. Zur Gegenwart

Ziel der Untersuchung über die NPO-Forschung in der *deutschsprachigen Schweiz* war es, einen Grobüberblick, eine erste Orientierung zur

---

1   vgl. Blümle E.-B.: Entwicklungstendenzen der Verbandsforschung im deutschen Sprachraum, in: Blümle E.-B./Kleinewefers H.: 75 Jahre Willy Büchi, Fribourg 1982, S. 86-91, hier S. 86-87

universitären Lehre und Forschung auf dem Gebiet der NPO zu erhalten. Ohne Anspruch auf Vollständigkeit erheben zu wollen, zeigt sich heute folgendes Bild:

2.1. Eigentliche NPO-Lehre und Forschung

An den deutschsprachigen Universitäten der *Schweiz* werden Fragen bezüglich Nonprofit-Organisationen i.w.S. behandelt, doch ist - wenn auch nicht unter diesem Namen - das Angebot an eigentlichen wissenschaftlichen NPO-Veranstaltungen relativ schmal. Eine Analyse der **Vorlesungsverzeichnisse** der *Deutschschweizer* **Universitäten** ergibt folgendes Ergebnis:

⇨ **Universität Bern (Wintersemester 1993/94 und Sommersemester 1994):**

Forschungsinstitut für Freizeit und Tourismus (H.R. *Müller*)
Gemeinde- und Stadtverwaltung im Wandel (W. *Linder*, D. *Fahrni*)
Forschungszentrum für schweizerische Politik (W. *Linder*)
Vorlesungen über Soziologie
Institut für Soziologie (A. *Diekmann*, C. *Honegger*)
Vorlesungen über Politikwissenschaften

⇨ **Hochschule St. Gallen (Sommersemester 1994):**

Forschungsgruppe für Management im Gesundheitswesen
Schweizerisches Institut für gewerbliche Wirtschaft
Institut für Politikwissenschaft
Schweizerisches Institut für Verwaltungskurse
Vorlesungen über Verwaltungswissenschaften (Grundlagen), Betriebswirtschaftslehre der öffentlichen Verwaltung, Verbände/ Projektkurs: Angewandte Verwaltungswissenschaft (E. *Buschor*)

⇨ **Universität Zürich (Sommersemester 1994):**

Vorlesung über Betriebswirtschaftslehre der öffentlichen Betriebe und Verwaltungen (H.P. *Wehrli*)

⇨ **ETH Zürich (Sommersemester 1994):**

Vorlesung über Verwaltungswissenschaften (A. *Hofmeister*)
Vorlesung über Internationale Wirtschaftsorganisationen (R. *Senti*)

⇨ **Universität Fribourg (Wintersemester 1993/94 und Sommersemester 1994):**

Vorlesungen über Betriebswirtschaftslehre der Nonprofit-Organisation, Managementtechniken für Nonprofit-Organisationen (E.-B. *Blümle*, R. *Purtschert*)

An zwei Universitäten sind **Preise für wissenschaftliche Arbeiten** ausgeschrieben, deren Namen auf NPO hinweisen:

⇨ **Universität Basel (Sommersemester 1994):**

Genossenschaftspreis: Der Genossenschaftspreis im Betrage von Fr. 10'000.-- wird jeweils zur Hälfte von der Juristischen Fakultät und der Wirtschaftswissenschaftlichen Abteilung der Philosophisch-Historischen Fakultät vergeben. Die Zuerkennung des Preises erfolgt aufgrund einer besonders qualifizierten Dissertation nach bestandenem mündlichem Examen oder als Auszeichnung einer Preisarbeit.

⇨ **Universität Bern (Wintersemester 1993/94 und Sommersemester 1994):**

Preis des **Gewerbeverbandes** der Stadt *Bern*: Für wissenschaftliche Arbeiten aus dem Gebiet oder Interessenbereich des Handwerks und des Gewerbes.

2.2. Post-universitäre NPO-Weiterbildung

Im Bereich der **post-universitären Bildungsangebote** für den NPO-Bereich finden sich in den Vorlesungsverzeichnissen folgende Hinweise:

⇨ **Universität Basel (Sommersemester 1994):**
Ergänzungsstudium in Museologie

⇨ **Universität Bern (Wintersemester 1993/94):**
Nachdiplomstudium Management im Gesundheitswesen

⇨ **Management Zentrum St. Gallen (HSG, 1992):**
Kurs über Management in Non-Profit-Organisationen

⇨ **ETH Zürich (Sommersemester 1994):**
Nachdiplomstudium für Entwicklungsländer, mit u.a. Nicht-Regierungsorganisationen und Humanitäre Hilfe

⇨ **Universität Fribourg:**
Angebot des Forschungsinstituts für Verbands- und Genossenschafts-Management

a)   Lehrgänge und Kurse:
-     *Postgraduate Lehrgang für Verbands- und Nonprofit-Management (PGL)* als umfassende Einführung in das NPO-Management
-     Kurse: Grundkurs für NPO-Management, Spezialkurse für Fundraising, Marketing, Rechnungswesen/ Controlling

b)   Tagungen und Seminare zu wechselnden, aktuellen Themen

2.3. NPO-Weiterbildung ausserhalb des Universitätsbereiches

Ausserhalb des Universitätsbereiches bieten mehrere Organisationen **NPO-Weiterbildungsveranstaltungen** an. Zu nennen sind die

Schule für Soziale Arbeit *Zürich*, das Institut für angewandte Psychologie (IAP) *Zürich*, das Zentrum für Agogik (zak) *Basel* oder die Schweizerische Landeskonferenz für Sozialwesen (LAKO) *Zürich*.

2.4. Zusammenfassung der Disziplinen im Überblick

Unterschiedliche **Wissenschaften** befassen sich in **Teilaspekten** mit Nonprofit-Organisationen:

a) **Rechtswissenschaften:**

Im Vordergrund eines Überblicks zur NPO-Lehre und -Forschung nach Disziplinen steht die **Rechtswissenschaft**. Sie befasst sich im Bereich des Zivilgesetzbuches (ZGB) und des Obligationenrechts (OR) mit der Rechtspersönlichkeit nicht-gewinnorientierter Organisationen, d.h. Vereinen, Stiftungen und in einem gewissen Umfang auch Genossenschaften. Zu erwähnen sind hier die zwei Standardwerke zum schweizerischen Stiftungs- und Vereinsrecht von Prof. *Riemer*.

b) **Politische Wissenschaften, Geschichte, Soziologie/Sozialpsychologie/Heilpädagogik/ Sozialarbeit/Caritas-Wissenschaften/Ethnologie:**

Ein weiterer Bereich der Geisteswissenschaften, der sich ebenfalls mit Aspekten von NPO befasst, sind die **Geschichts-** und **Politischen Wissenschaften** sowie **Soziologie/Sozialpsychologie/Heilpädagogik/Sozialarbeit/Caritas-Wissenschaften/ Ethnologie**. Dabei ragen insbesondere Arbeiten über Stellung und Rolle von Parteien und Interessengruppen im gesellschaftlichen Wandel oder im politischen Entscheidungs- und Willensbildungsprozess hervor (Vernehmlassungsverfahren, Parteienstaat etc.). Zu erwähnen sind überdies Arbeiten über kirchliche und religiöse Organisationen. (Als Beispiele vgl. die Arbeiten unter der Leitung von Urs *Altermatt* über die 'Schweizerische Konservative

Volkspartei' (Bereich: katholische Gesellschaft, Partei) oder die
Forschung unter der Leitung von Hanspeter *Kriesi* über 'Le rôle
des organisations sans but lucratif dans la politique sociale suisse'
[SIDOS 1994, Nr. 269].)

c) **Wirtschaftswissenschaften:**

Demgegenüber haben sich die Wirtschaftswissenschaften bislang
wenn überhaupt so nur am Rande mit Organisationen ohne Erwerbscharakter oder NPO befasst. Die Hauptakteure der
volkswirtschaftlichen Betrachtung waren entweder das Individuum
(Mikroökonomie), die Gesellschaft als Summe von Individuen
(Makroökonomie) oder der Staat. Auf dem Gebiete der **Volkswirtschaftslehre** (VWL) zeichnet sich mit der Renaissance der
(Neuen) politischen Ökonomie und der im Trend liegenden Insti-
tutionenökonomik eine intensivere Auseinandersetzung mit Fragen bezüglich gesellschaftlicher Organisationen ab. Sie knüpfen
dabei an Vorarbeiten der Finanzwissenschaften an. Analog hierzu
wird auch die Sozialpolitik unter Aspekten von organisierten
Interessen neu beurteilt.

Die **Betriebswirtschaftslehre** (BWL) hat sich aus den Handels-
wissenschaften herausgebildet. Der Schweizer Johann Friedrich
Schär (1846-1924), auch ein Pionier im Konsum-Genossen-
schaftswesen der *Schweiz*, gilt als eigentlicher Begründer dieser
Disziplin. Obwohl sich die BWL von der institutionellen Betrachtung
(Industriebetriebslehre, Bankbetriebslehre) zu einer funktionalen
Orientierung hin bewegt hat, steht die gewinnorientierte
Einzelwirtschaft (Unternehmung) nach wie vor im Zentrum der
Betrachtung. Dass sich betriebswirtschaftliche Erkenntnisse auch
auf Probleme anderer Organisationen - wie z.B. **Nonprofit-
Organisationen** - übertragen liessen, wurde erst in jüngster Zeit
erkannt. Die Übertragung von Management-Wissen auf NPO ist
mit gewissen Schwierigkeiten verbunden, weil die **demokratische** und **mitgliedschaftliche Struktur** im Vergleich zu pro-
fitorientierten Unternehmungen wesentliche prozessuale

Unterschiede in den Bereichen Zielsetzung, Führung, Güterpro-
duktion, Marketing, Erfolgsmessung etc. aufweist.

II. **Entstehung, Entwicklung und heutiges Angebot an Lehre
und Forschung des Forschungsinstituts für Verbands-
und Genossenschafts-Management der Universität Freiburg**

1. **Entstehung und Entwicklung**

Vor dem Hintergrund des bisher skizzierten Überblicks wird deutlich,
dass innerhalb der Betriebswirtschaftslehre eine Lücke im Bereich
Management-Fragen für Nonprofit-Organisationen besteht. Diese
Lücke hat 1976 die Herren Ernst-Bernd *Blümle*, Robert *Purtschert* und
Peter *Schwarz* veranlasst, ohne finanzielle Unterstützung durch die Universität die *Forschungsstelle für Verbands- und Genossenschafts-
Management (FST)* zu gründen (sie ist seit 1994 als offizielles *Forschungsinstitut für Verbands- und Genossenschafts-Management*
der Universität *Freiburg/Schweiz* eingerichtet).

Aufgrund der vielfach festgestellten Manangement-Defizite in Nonprofit-
Organisationen besteht aus wissenschaftlicher und praktischer Sicht ein
Bedürfnis, das erwähnte **Forschungsdefizit** auszugleichen, die
Management- und Organisations-Probleme von Nonprofit-Organi-
sationen im allgemeinen und diejenigen von kooperativ-organisierten
Typen im besonderen kennenzulernen und entsprechende Lösungs-
ansätze zu erarbeiten.

Im Mittelpunkt der Instituts-Arbeiten steht eine geschlossene
Managementlehre für NPO. Nach 10 Jahren Grundlagenforschung
hat sich der Schwerpunkt in den Bereich der angewandten Forschung
verlagert. Das eigens geschaffene **Freiburger Management-Modell
für NPO** als terminologischer und konzeptioneller Rahmen mit
Vorgehenskonzepten, Praktikerregeln und Checklisten wird laufend
weiterentwickelt.

2. Das Freiburger Management-Modell für NPO

Dieses **Freiburger Management-Modell für NPO** wird im folgenden Abschnitt kurz vorgestellt. Eine ausführliche Publikation erscheint anfangs 1995. Ein weiterer Markstein ist im Standardwerk von Peter *Schwarz* (Management in NPO, Bern 1992) zu sehen, das im gesamten deutschsprachigen Raum grosse Anerkennung findet. Weitere Monographien über 'Rechnungswesen/Controlling in NPO' sowie über 'Marketing in NPO' sollen von weiteren Autoren folgen.

2.1. Zweck des Modells

Das Problemfeld **'Management in NPO'** ist äusserst vielschichtig und komplex. Um diesen Objektbereich zugänglich, transparent, verständlich und damit lehrbar und lernbar zu machen, ist es erforderlich, eine **systematische Ordnung** zu schaffen. Dazu dient das hier vorgestellte Modell. Es will ein auf das Wesentliche reduziertes 'Abbild' des Problemfeldes 'NPO-Management' geben, mit einer möglichst umfassenden Abdeckung aller (wesentlichen) Problembereiche. Gleichzeitig bietet es - für Lehrende und Lernende - ein Gerüst (Raster) zur Darstellung, Systematisierung und Einordnung der Begriffe, Konzepte und Lehrinhalte. Es soll gleichzeitig die Zuordnung neuer wissenschaftlicher Erkenntnisse ermöglichen und - im besten Falle - als Begriffs- und Konzept-Baustein Eingang in die weitere Verbands- und NPO-Forschung finden.

Das Modell wurde 1986/87 als Grundlage für den vierwöchigen **Postgraduate Lehrgang** (*PGL*) **für Verbands- und Nonprofit-Management** an der **Universität Freiburg/Schweiz** entwickelt und seither laufend ausgebaut. Zu Beginn dieses Projektes konnten wir uns weder auf eigene Erfahrungen noch auf ähnliche Lehrgänge an anderen Universitäten stützen, da NPO-Management bisher im deutschsprachigen Raum keinen Eingang in die Lehrpläne gefunden hatte. Zudem war (und ist auch heute noch) der Bestand an Publikationen gering und unstrukturiert, weil eben bisher ein Lehrgebäude gefehlt hat. Das hier vorgestellte Modell hat sich im *PGL* grundsätzlich als tauglich und für die Praxis als brauchbar erwiesen.

Das Management-Modell ist **keine** Management-Lehre im umfassenden Sinne. Das Modellhafte besteht in einer **analytisch-beschreibenden Darstellung** der wesentlichen Elemente und Komponenten einer NPO-Managementlehre. Es gibt also primär Auskunft über die Frage "Was ist Gegenstand, Inhalt dieser Lehre?" und zeigt somit jene Problembereiche auf, welche die Managementlehre anschliessend intensiv und bis in die Einzelheiten vordringend zu thematisieren hat. Demnach sind in diesem Modell nur beschränkt sogenannte Gestaltungsempfehlungen enthalten. Es wird daher nur zum Teil dargelegt, **wie** effizientes NPO-Management zu bewerkstelligen ist. Der NPO-Manager soll durch das Modell ein Grundverständnis über das NPO-Management gewinnen und sich Konzepte und Begriffe aneignen, die ihm für das Verstehen konkreter Lehrinhalte förderlich sein werden.

Das **Gesamt-Modell** besteht aus:

a)   dem **Ordnungs-Objekt-Modell** als dem wesentlichen Teil. Es bietet das obgenannte Grundgerüst der NPO-Managementlehre;

b)   dem **Lehrgang-Modell**, welches das Konzept und die Zielsetzung des erwähnten Postgraduate Lehrganges verdeutlicht.

Diese beiden Teil-Modelle sind im folgenden im Überblick darzustellen, jedoch ist zunächst auf einige Grundlagen der Modellbildung einzugehen.

2.2. Die 'Sichtweisen' der NPO als Ausgangspunkt der Modellbildung

Wir setzen bei der obgenannten Umschreibung von Organisationen an, die wir definiert haben als zweck-/zielgerichtete, offene/umweltabhängige, produktive, soziale Systeme mit einer Verfassung.

Sinn und Existenzberechtigung einer NPO liegen ausschliesslich in der Erfüllung der ihr aufgegebenen Zwecke, der ihr übertragenen 'Mission'. Um diesen Zweck zu erfüllen, hat die Organisation zu 'produzieren', also Leistungen zu erstellen und an bestimmte Adressaten (Zielpublika) abzugeben. Zur Erbringung der Leistungen hat sie Mittel (Produktionsfaktoren, Ressourcen) zu beschaffen, einzusetzen und zu verwalten bzw. selber aufzubauen und zu gestalten.

Aus diesem Drei-Schritt leiten wir nun die drei Teilsysteme unseres Management-Modelles ab, wie dies Abbildung 1 zeigt. Diese ist wie folgt zu interpretieren:

a) Die Zweckerfüllung der NPO besteht in der 'Einwirkung' auf ihre Umwelt, bzw. in der Stiftung von Nutzen gegenüber bestimmten Umweltsegmenten. Das **Umwelt-/Leistungsadressaten-System** steckt damit die Grenzen und Wirkungsfelder für die NPO ab.

b) Im **Marketing-/Leistungs-System** erfolgt die Gestaltung und die Abgabe der Leistungen im weitesten Sinne, wobei diese Leistungen eben konsequent auf die Bedürfnisse, Anforderungen und Erwartungen der Umweltsegmente auszurichten sind.

c) Das **Potential-System** umfasst den gesamten Bereich des Aufbaues und der Gestaltung des Leistungs-Dispositivs im Sinne der Ressourcen (Kapazitäten, Fähigkeiten, Instrumentarien), welche für die Leistungserbringung und die Steuerung und Lenkung der gesamten NPO-Tätigkeit erforderlich sind.

Abbildung 1: Aufbau-Logik des Freiburger Management-Modelles

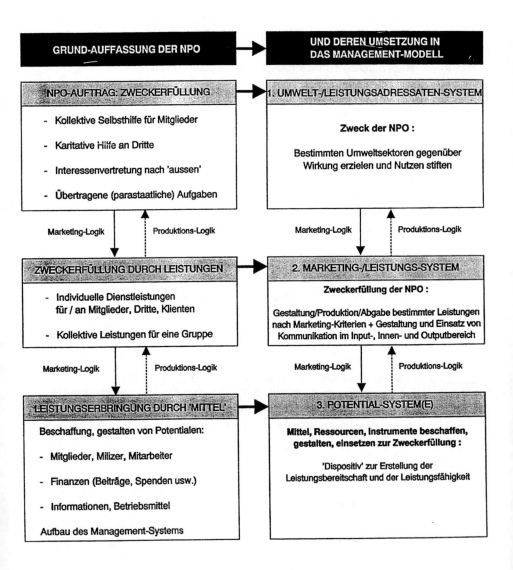

Die Abbildung 1 kann von oben nach unten oder umgekehrt 'gelesen', interpretiert werden:

- Die **Marketing-Logik** befolgt die genannte Bedürfnis- und Umweltorientierung: Die 'Befindlichkeiten' der Umweltsegmente 'bestimmen' (geben Anlass und Anhaltspunkte) für die Gestaltung (qualitativ und quantitativ) der Leistungen, und aus diesen wird der Bedarf an Potentialen abgeleitet.

- Umgekehrt stützt sich die **Produktions-Logik** auf die Tatsache, dass NPO als Dienstleistungsbetriebe zunächst ihr Leistungs-Dispositiv aufbauen, ihr Potential einrichten müssen, bevor sie die Leistungen erbringen und damit ihren Zweck in den relevanten Umfeldern erfüllen können.

Dieser Grundauffassung (der drei Teilsysteme) sind nun zwei weitere Bilder hinzuzufügen. Zunächst ist dies die Betrachtung der NPO als **Input-Output-System** (siehe Abbildung 2).

Abbildung 2: Input-Output-Modell der NPO

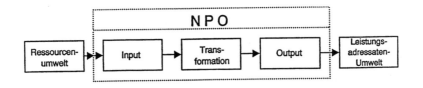

Primär bestimmt die NPO in ihrer Umwelt die Leistungsadressaten, an welche sie ihre Outputs abgibt. Gleichzeitig muss sich aber die NPO ebenfalls in der Umwelt ihre Ressourcen, ihre Inputs beschaffen.

Input- und Output-Umwelt fassen wir auch unter dem Begriff der **Transaktions- oder Austausch-Umwelt** zusammen. Mit diesen

Umfeldern unterhält die NPO enge Beziehungen, die wir unten als Tauschbeziehungen betrachten werden.

Wie nun Abbildung 3 illustriert, sind für die NPO nicht nur die 'Partner' der Transaktions-Umwelt relevant, denn diese ist wiederum von weiteren Umweltschichten umgeben, die wir als **Orientierungs-Umwelt** bezeichnen. Orientierung in dem Sinne, als die Geschehnisse und Entwicklungen in den gesellschaftlichen Subsystemen bzw. die Handlungen der diesen Subsystemen zugeordneten Organisationen indirekt Daten und Rahmenbedingungen setzen, welche eine mittelbare Auswirkung auf unsere NPO haben können. Die Orientierungs-Umwelt generiert daher Situationen und Tatbestände, über die wir Informationen benötigen, weil sie über kurz oder lang für unsere Entscheidungen und Aktivitäten bedeutungsvoll werden können.

Abbildung 3: Umweltschichten der Organisation

Wirtschafts-System	Technik-System	politisches System	soziokult. System	Oeko-System
Gesellschafts-Subsystem				

- Oeffentliche Güter
- Rahmenbedingungen
- Werte, Normen
- Informationen

Beschaffungsumwelt → NPO Mitglieder Management Mitarbeiter → Abgabe-/ Wirkungsumwelt → Empfänger externer Effekte

I. Innenbereich
II. Transaktionsumwelt
III. Weitere Umwelt (Orientierungs-Umwelten)

Eine letzte Klärung gilt dem **System-Begriff**. Er wird definiert als geordnete Gesamtheit von angebbaren (und damit abgrenzbaren) Elementen und Sub-Systemen, zwischen denen irgendwelche Beziehungen bestehen, wobei diese Beziehungen 'enger' sind als die Beziehungen des Systems zu seiner Umwelt (Super-System). Diesen System-Begriff können wir sehr flexibel handhaben, wobei wir davon ausgehen, dass es keine Systeme gibt, sondern dass wir bestimmte 'Ausschnitte' der Realität als Systeme betrachten.

Was damit gemeint ist, soll anhand von Abbildung 4 illustriert werden. In diesem Verbandsmodell wurden die **Systemgrenzen** (was gehört dazu, was nicht?) so gezogen, dass die **Mitglieder** in ihren Rollen als Lieferanten von Inputs in den Verbandsbetrieb **als Teile/Elemente des Systems** betrachtet werden. Ebenso wird die Leistungsabgabe an die Mitglieder als **system-interne** Transaktion aufgefasst. Wir interpretieren demnach die Mitgliedschaft als besondere, enge Beziehung, welche eine andere Qualität und Intensität aufweist als Transaktionsbeziehungen zu system-externen Partnern (z.B. Nicht-Mitglieder).

Abbildung 4: Struktur- und Beziehungsmodell des Verbandes (am Beispiel Wirtschaftsverband)

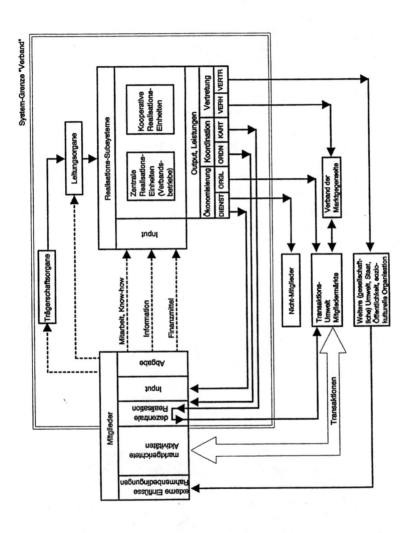

2.3. Das Freiburger Management-Modell (Ordnungs-/Objekt-Modell) im Überblick

Die Abbildungen 5 bis 8 zeigen das Modell zunächst gesamthaft (Abbildung 5), anschliessend die drei Teilsysteme in ihrer detaillierten Untergliederung.

Zu den drei Teil-Systemen (Umwelt, Marketing, Potentiale) gelten folgende grundsätzlichen Überlegungen:

1) Das **Umwelt-System** ist konsequent nach den im vorangehenden Abschnitt erläuterten 'Bildern' aufgefächert, wobei das Problem der NPO-Systemgrenzen (Mitglieder = Innenbereich) hier noch nicht zum Tragen kommt. Das Umwelt-System ist aufs engste mit dem Marketing-/Leistungs-System verbunden, in dem ja das letztere als unmittelbar auf das erstere ausgerichtet zu begreifen und zu gestalten ist.

2) Das **Marketing-/Leistungs-System** beruht auf einer sehr weiten, modernen Auffassung von Marketing, indem es nicht nur die Gestaltung und Abgabe von Leistungen/Outputs, sondern ebenso die kommunikative Seite der Beschaffung des Inputs zum Gegenstand hat. Denn wesentliche Teile der Mittelbeschaffung sind heute nur mit Marketing-Methoden effizient zu bewältigen. Typisches Beispiel ist etwa das Fundraising als Beschaffung von Finanzmitteln auf Spendenmärkten. Hier bekommt nun auch der **Innenbereich** durch Einbezug der Mitglieder in die Systemgrenzen seine Bedeutung.

Das **Potential-System** untergliedern wir wiederum in zwei Teil-Systeme:

3) **Das Betriebsmittel- und Kooperations-System**
Als Betriebsmittel bezeichnen wir die Ressourcen, welche wir auf Märkten beschaffen und dann einsetzen und verwalten müssen. .Dazu gehören Personen (Mitglieder, Milizerinnen und Milizer, Mitarbeiterinnen und Mitarbeiter), Sachmittel (Liegenschaften,

Betriebs- und Büroeinrichtungen, Maschinen usw.), Finanzmittel (Beiträge, Spenden, Subventionen usw.) sowie Informationen, die wir für unsere Entscheidungen benötigen.

Die **Kooperationen** werden als Potentiale betrachtet. Einrichtungen wie Arbeitsgemeinschaften, Dachverbände usw. sind für uns Mittel, Instrumente, mit deren Hilfe wir bestimmte Aufgaben in Zusammenarbeit mit anderen NPO lösen.

4) Das **Management-System**
Zu dessen Abgrenzung bzw. inhaltlichen Bestimmung sind einige zusätzliche Überlegungen erforderlich.

Die Betriebswirtschaftslehre (BWL) ist faktisch heute nicht mehr nur eine Ökonomie, die sich mit geldwertmässigen Grössen, also letztlich mit der finanzwirtschaftlich-buchhalterischen Dimension von Organisationen befasst. Sie ist zu einer interdisziplinären Führungslehre (im Sinne der angloamerikanischen Management-lehre) geworden, die all jene Erkenntnisse, Methoden und Handlungsanweisungen erarbeitet oder aus anderen Disziplinen aufarbeitet und integriert, welche Führungskräfte benötigen, um ihre Organisation zielorientiert (planvoll) zu gestalten und in ihrer Gesamtheit oder in Teilbereichen zu führen. Unter dieser Erkenntnisperspektive wird interdisziplinär alles verfügbare Wissen einbezogen, welches zur Lösung des Praxisproblems 'Führung von Organisationen' einen Beitrag leisten kann.

Von diesem weiten Ansatz her thematisiert demnach die BWL alle 'Probleme', die in einer Organisation anfallen. Nicht alle diese Problemfelder werden aber unter dem Thema 'Management-System' abgehandelt. Dazu ist von folgenden zwei Dimensionen der Managementlehre bzw. der Allgemeinen BWL auszugehen:

a) Die **formal-übergreifende** allgemeine Dimension:
Die Lehre von den sogenannten **Management-Aufgaben/ -Funktionen** wie planen, entscheiden, kontrollieren, organi-sieren, koordinieren, motivieren usw.

b)   Die **materiell-'operative'** Dimension:
      Die Lehre von den sogenannten **Betriebs-Funktionen** wie
      -    Beschaffung, Einsatz und Verwaltung von Betriebs-
           mitteln (Mitarbeitende, Finanzen usw.)
      -    Marketing
      -    Informatik
      -    Administration, Rechnungswesen usw.

Diese beiden Dimensionen sind in Abbildung 9 schematisch
dargestellt. Sie zeigt deutlich, dass in der materiell-'operativen'
Dimension zahllose Management-Fragen direkt mit den Input-,
Transformations-(Produktions-) und Output-Tätigkeiten zusammenhängen. Diese Fragen des Marketing-Managements und des
Potential- (Betriebsmittel- und Kooperations-) Managements sind
jedoch Gegenstand unserer beiden anderen Modell-Systeme. Im
Management-System werden demnach nur die allen Führungsaufgaben gemeinsamen Aspekte aufgegriffen und abgehandelt.
So wird hier z.B. die Gestaltung von Willensbildungs-/Entschei-
dungs-Prozessen diskutiert, unabhängig davon, ob die Entschei-
dungsinhalte ein Marketing- oder ein Mittelbeschaffungs-Problem
betreffen. Es geht also um die 'reinen' Lehren der Entscheidung,
Planung, Organisation, Führung und Innovation.

Abbildung 5: Freiburger Management-Modell für NPO (NPO-
Ordnungs-/Objekt-Modell)

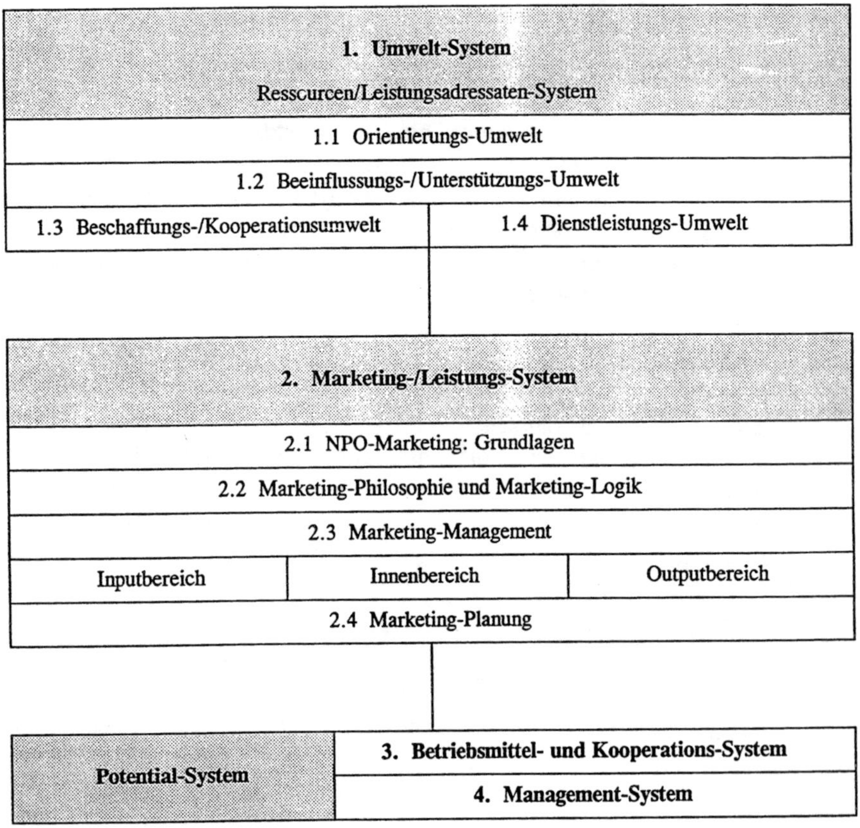

1. Umwelt-System

Ressourcen/Leistungsadressaten-System

1.1 Orientierungs-Umwelt

1.2 Beeinflussungs-/Unterstützungs-Umwelt

1.3 Beschaffungs-/Kooperationsumwelt	1.4 Dienstleistungs-Umwelt

2. Marketing-/Leistungs-System

2.1 NPO-Marketing: Grundlagen

2.2 Marketing-Philosophie und Marketing-Logik

2.3 Marketing-Management

Inputbereich	Innenbereich	Outputbereich

2.4 Marketing-Planung

Potential-System	**3. Betriebsmittel- und Kooperations-System**
	4. Management-System

Abbildung 6: Das Umwelt-System als Teil des Freiburger
Management-Modells für NPO

---

1. UMWELT-SYSTEM

Ressourcen-/Leistungsadressaten System

1.1 Weitere Umwelt / Orientierungs-Umwelt

Wirtschafts- System	Technisches System	Politisches System	Sozio-kulturelles System	Öko-System

---

Transaktions-/Austausch-Umwelt

1.2 Beschaffungs-Umwelt	1.3 Abgabe-Umwelt
1.2.1 Betriebsmittel - Mitglieder - Personal - Finanzmittel - Informationen	**1.3.1 Beeinflussungs-Umwelt** - Staat, politisches System - Öffentlichkeit - andere Organisationen
1.2.2 Kooperationen Institutionalisierte Zusammenarbeit mit anderen NPO	**1.3.2 Dienstleistungs-Umwelt** - Mitglieder - Klienten - Dritt-Adressaten

Abbildung 7: Das Marketing-/Leistungs-System als Teil des Freiburger Management-Modells für NPO

2. MARKETING-/LEISTUNGS-SYSTEM

2.1 Grundlagen für den Einsatz des Marketings in NPO

2.2 Marketing-Philosophie und Marketing-Logik

2.3 Marketing(-Management)-Konzept

2.3.1 Gesamtpositionierung der Organisation: CI und COOPI

Marketing-Einsatzbereiche: 2.3.2 - 2.3.6

Inputbereich	Innenbereich	Outputbereich
Beschaffungs-Marketing Dritte, Umwelt	**Marketing innerhalb der NPO** NPO-Mitglied	**Leistungsabgabe-Marketing** Dritte, Umwelt
CI / COOPI	CI	COOPI

	2.3.2 Beschaffungs-Marketing	**2.3.3 Interessenvertretung**
- Mitglieder - Finanzmittel . Subventionen . Fundraising . Personal - Kooperation/Einkauf	- Information - Finanzmittel/Beiträge - Mitarbeit/Know-how	- Collective Bargaining - Beziehungen zum politischen System - Öffentlichkeitsarbeit für NPO - Social Marketing für 'übergeordnete' Ideen
	2.3.4 NPO-Eigenmarketing	**2.3.5 Marketing als Auftrags-durchführung**
	- Internes Marketing - Mitgliederpflege, Info - Marketing-Transfer (mehrstufige NPO) - Koordinationsleistungen	- Cooperative Communication (Image) - Gemeinschaftswerbung (Produkte) - Verbandsmarketing (z.B. Messen)
	2.3.6 Dienstleistungs-Marketing	
	an Mitglieder	an Dritte, Klienten

2.4 Marketing-Planung

Abbildung 8: Das Potential-System als Teil des Freiburger
Management-Modells für NPO

POTENTIAL-SYSTEM (Mittelbeschaffung und -gestaltung)		
3. Betriebsmittel-System und Kooperations-System - Beschaffung - Einsatz - Verwaltung		**4. Management-System** - Aufgaben - Instrumente - Prozesse
3.1 Mitglieder	3.6 Administration	4.1 Entscheidungs-System - Willensbildung - Verantwortung
3.2 Ehrenamtler (Milizer)	3.7 Kooperationen	4.2 Führungs-, Personal- und Verhaltens-System - Interaktionen Führer-Geführter - Gruppenführer
3.3 Hauptamtler (Profis)	3.7.1 Dach-/Spitzenverbände - national - international	4.3 Organisations-System - Strukturen - Prozesse
3.4 Finanzen - Preise - Gebühren - Spenden - Subventionen	3.7.2 Arbeitsgemeinschaften	4.4 Steuerungs-System - Zielsetzung, Planung und Controlling - Informationsbeschaffung und -Verarbeitung
3.5 Sachmittel (Technik)	3.7.3 Kooperative Betriebe	4.5 Innovations-System - Reorganisation - Projektmanagement

Abbildung 9: Dimensionen der Managementlehre

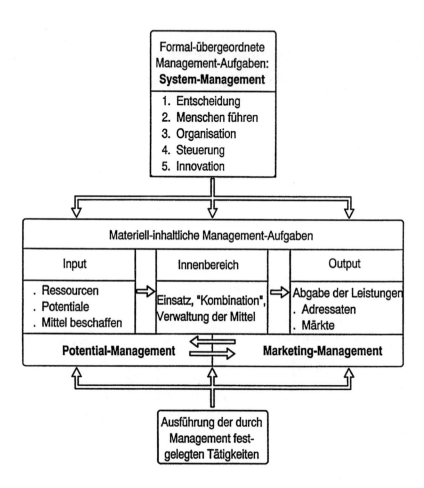

2.4. Das NPO-Postgraduate-Lehrgang-Modell

Das *Forschungsinstitut für Verbands- und Genossenschafts-Management* an der Universität *Freiburg/Schweiz* befasst sich seit 1976 mit den besonderen Führungsfragen dieser 'bedarfswirtschaftlich' orientierten Gebilde. Neben der Durchführung von Einzelseminaren zu unterschiedlichsten Themen und zahlreichen Einzelpublikationen gewann sie mit der Zeit zusätzliche Erfahrungen und Erkenntnisse aus der NPO-Beratung.

1985 begann sie - aufgrund zunehmender Nachfrage aus der NPO-Praxis - mit der Entwicklung des *Postgraduate Lehrganges für Verbands- und Nonprofit-Management* (*PGL*). Dieser umfasst vier einwöchige Kurse (Module), über ein Jahr verteilt. Die Teilnehmer haben eine Seminararbeit zu einem Grundsatzproblem ihrer NPO zu schreiben und am Schluss eine schriftliche Prüfung abzulegen, um das Zertifikat zu erlangen.

Die vier Module des Lehrganges folgen im wesentlichen dem obgenannten Systemaufbau, teilweise wird jedoch von der System-Logik abgewichen und aus praktisch-didaktischen Gründen eine andere Themenreihenfolge (jedoch in der vorgegebenen Objektgliederung) gewählt. Für den Lehrgang selber wurde ebenfalls ein Modell entwickelt, welches den Ablauf und die Methodik wiedergibt.

Das Management-Modell bildet - als Abbild des Objektbereichs - das Problem-Struktur-System im Sinne jener Gegenstände, die im *PGL*-Lehrgang (grösstenteils) abzuhandeln sind.

Das Problem-Lösungs-System zeigt auf, wie die Systeme und Elemente von Umwelt und NPO bearbeitet werden sollen. Dies geschieht in drei Phasen (vgl. Abbildung 10):

1.   **Problem-Definition und Lösungsansätze:** Es werden aus der Theorie und der Erfahrung Begriffe, Konzepte, Kriterien und Gestaltungselemente aufgearbeitet. Diese bilden das Rüstzeug an Wissen und Kenntnissen bezüglich der effizienzorientierten

Gestaltung eines Problembereiches.

2. **Problem-Analyse:** Zum einen ist das Methodenwissen zur Durchführung von Analysearbeit zu vermitteln. Zum andern ist Bestandteil von Kurs und Seminararbeit die konkrete Analyse/ Beschreibung des IST-Zustandes in den Organisationen der Teilnehmer, wiederum bezogen auf alle Problembereiche.

3. **Problem-Lösung:** Nach der Vermittlung des Methodenwissens zur Formulierung von Dokumenten der Zielsetzung und Planung hat jeder Teilnehmer als praktische Anwendung des Lehrgangsstoffes ein Grundsatzpapier für seine Nonprofit-Organisation zu erarbeiten. Als Grundsatzpapiere verstehen wir: NPO-Politik, Leitbild, Organisationskonzept, Finanzkonzept, Leistungs- und Marketingkonzept, PR-Konzept etc.

Im Ordnungs-/Objekt-Modell haben wir eine 'vollständige Feldabdeckung' im Sinne eines alle Management-Probleme umfassenden Rasters angestrebt. Nicht alle diese Problemfelder werden aber im *PGL* überhaupt oder in gleicher Intensität behandelt. Das **Schwergewicht** wird bewusst auf die **NPO-spezifischen** Fragestellungen gelegt, also jene Themenbereiche, die einen **besonderen** NPO-Lehrgang überhaupt rechtfertigen. Lehrinhalte wie z.B. EDV-Management, Personalwirtschaftslehre, Administration weisen unseres Erachtens zu wenig NPO-Spezifika auf bzw. besteht dafür ein hinreichendes Lehrangebot auf dem Markt. Die Erfahrung mit den bisher durchgeführten Kursen zeigt, dass diese Schwerpunkt-Bildung sinnvoll ist. Sie zeigt aber gleichzeitig auch, dass der auf NPO schlechthin ausgerichtete Lehrgang für Teilnehmer aus irgendwelchen Organisationen brauchbar ist. Beweis dafür ist die Heterogenität des Teilnehmerkreises bezüglich Ausbildung, Nationalität und NPO-Betriebstypen. Damit wird der Erfahrungsaustausch unter den Teilnehmerinnen und Teilnehmern zu einem den Lehrgang wesentlich bereichernden Aspekt.

Abbildung 10: Das Freiburger NPO-Postgraduate-Lehrgang-Modell

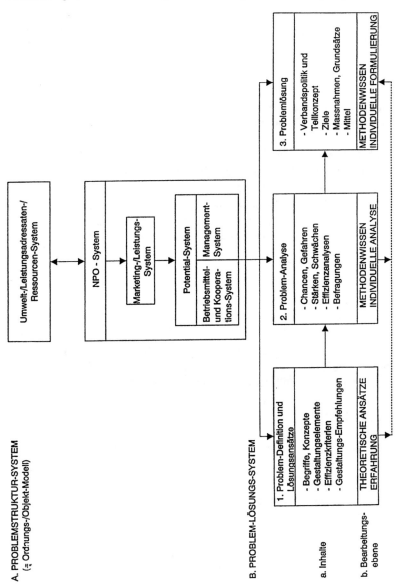

III. Schlussfolgerungen

Nach unserer Ansicht, die Entwicklung des *Forschungsinstituts für Verbands- und Genossenschafts-Management* unterstreicht dies, braucht es für eine erfolgreiche Weiterentwicklung der NPO-Forschung einerseits die **theoretische Auseinandersetzung**, anderseits aber auch einen **intensiven Dialog mit der Praxis**. Die Praxis liefert empirische Erkenntnisse, und sie bietet die Chance, entwickelte Konzepte auf ihre Tauglichkeit zu testen.

Damit könnte die NPO-Management-Lehre des *Forschungsinstituts* über ihr direktes Anwendungsgebiet hinaus Beispiel sein, wie eine Fachdisziplin einen Beitrag zu einer wünschbaren umfassenden NPO-Lehre und -Forschung leisten kann. Ziel einer eigenständigen NPO-Wissenschaft müsste es unseres Erachtens sein, dass auch in anderen Fachdisziplinen Bausteine geleistet werden.

Anhang: Hinweise zu NPO-Bibliographien

Einen direkten Zugang zu NPO-Bibliographien bietet zunächst die vom *Forschungsinstitut für Verbands- und Genossenschafts-Management* herausgegebene Zeitschrift **Verbands-Management** (vgl. insbesondere die jeweils in der vierten Jahresnummer publizierte Bibliographie inkl. Stichwortverzeichnis). Im weiteren enthält das Schweizerische Jahrbuch für Politische Wissenschaft entsprechende Hinweise. Für laufende Projekte eignet sich der Beizug der Berichterstattung des Schweizerischen Nationalfonds für wissenschaftliche Forschung. Überdies steht in *Lausanne* die Datenbank SIDOS für Sozialwissenschaftliche Arbeiten der *Schweiz* zur Verfügung.

Der Dritte Sektor oder die Nonprofit-Organisationen (NPO) in der Schweiz

Bemerkungen zur Geschichte, Bedeutung, kritischen Wertung und statistischen Erfassung von Organisationen ohne Erwerbscharakter in der Schweiz

Sebastian SCHNYDER, Fribourg

1. Zum Begriff NPO und Third Sector

Die Auseinandersetzung mit dem **Dritten,** weder staatlichen noch privaten Bereich, dem sog. **Third Sector,** hat in der *Schweiz* keine Tradition. Selbstverständlich befassten sich **Sozialwissenschaften** wie Geschichtswissenschaft, Staatstheorien und Rechtswissenschaft[1] sowie Politikwissenschaften und die Soziologie und am Rande auch die Wirtschaftswissenschaften immer wieder mit den Verbänden und deren Macht und Einfluss in der *Schweiz,* dem typischen **Verbändestaat** (vgl. Referat *Purtschert* R.: Forschung und Lehre im NPO-Bereich in der *Schweiz*). Eine Gesamtsicht, eine Konzeption des Dritten Bereiches, der zunächst unabhängig von seiner Stellung in Wirtschaft und Gesellschaft erfasst und analysiert werden sollte, fehlten und fehlen bislang. Zwar hat sich unser Institut, das *Forschungsinstitut für Verbands- und Genossenschafts-Management (VMI)* in seinen Arbeiten zur Umsetzung von **betriebswirtschaftlichem Wissen** und **betriebswirtschaftlicher Erfahrung** für das **Management von NPO** von Anfang an um eine ganzheitliche Sicht der NPO bemüht.

Es liegt daher nahe, von den vom *VMI* erarbeiteten Kriterien auszugehen, um eine Gesprächsgrundlage für unsere Diskussionen zu schaffen. Wir stützen uns dabei auf eine Synopsis von **Strukturmerkmalen**

Abbildung 1: Unterschiede in wichtigen Strukturmerkmalen von Unternehmungen und NPO[2]

Struktur-merkmale	Ausprägungen bei Unternehmung und Nonprofit Organisationen/NPO		
	Unternehmung	**Selbsthilfe-NPO**	**Fremdleistungs-NPO**
1. Hauptzweck	Als Erwerbswirtschaft anstreben eines Ertrags auf investiertem Kapital, also Gewinn und Rentabilität (Formalziel-Dominanz).	Erbringen spezifischer Leistungen (Sachziel-Dominanz) für die Mitglieder; NPO als Gruppen-Bedarfswirtschaft oder Kollektivwirtschaft bezeichnet.	Erbringen spezifischer Leistungen (Sachziel-Dominanz) für/an Dritte (Hilfe, Beeinflussung, Förderung).
2. Bedarfs-deckung, Kunden	Deckt den Fremdbedarf von Nachfragern auf Märkten.	Deckt Eigenbedarf der Mitglieder. Man spricht vom Identitätsprinzip (Mitglieder = Kunden) oder von kollektiver Eigenbedarfsdeckung.	Deckt Fremdbedarf von Klienten bzw. wirkt auf Dritte. Oft Monopole, Abhängigkeit, Benutzungszwang.
3. Steuerung der Organisationsentscheide	Orientiert sich am Markt, am Kunden- und Konkurrenzverhalten.	Mitglieder bestimmen demokratisch (direkt) über die Leistungen oder bestimmen durch indirektes Verhalten (Wahl von Organen, Bereitstellung von Finanzmitteln, Eintritt/Austritt, Apathie) mitgliedergerechte Entscheide der Leitungsorgane; Marktsteuerung ist teils nicht existent, teils sekundär.	1) Wenn Verein (mitgliedschaftlich strukturiert): Analog wie Selbsthilfe-NPO, plus 2) Wenn Stiftung: Zuteilung von Leistungen im Rahmen vorhandener Mittel. Marktsteuerung ist teils nicht existent, teils sekundär.
4. Produzierte Güter	Nur private, marktfähige Individualgüter, die ausschliesslich vom einzelnen Käufer genutzt werden können.	Sehr viele Kollektivgüter, die einer ganzen Gruppe (z.B. allen Personen einer Berufsgruppe) zugute kommen, auch jenen, die nichts dafür bezahlen (Problem der Trittbrettfahrer = nichtzahlende Nutzniesser); private Güter nur im Bereich der Dienstleistungsfunktion.	Kollektivgüter bei Förderung, Interessenvertretung ganzer Klientengruppen. Private (Individual-) Güter bei Leistungen (oft/meist unentgeltlich) an Klienten, Dritte.
5. Finanzmittel	Kapitaleinlagen und direkte individuelle Leistungsentgelte (Preise) aus Güterverkauf.	Mitgliederbeiträge, Umlagen als Pauschalentgelte (für die Kollektivgüterproduktion); Preise und Gebühren (= intern subventionierte Entgelte) bei Dienstleistungsverkauf.	Spenden, Subventionen, Legate, Vermögenserträge. Beschaffung durch Fundraising. Teils Gebühren bei Dienstleistungen.
6. Faktor Arbeit	Vorwiegend hauptamtlich angestellte Mitarbeiter.	In wesentlichem Masse ehrenamtliche Partizipation der Mitglieder in Leitungsorganen, Ausschüssen und Mitglieder-Basisgruppen (Interessengruppen, Parteien, Landes-/Bezirksgruppen, Sektionen).	1) Wenn Verein: Analog Selbsthilfe-NPO. 2) Wenn Stiftung: Oberleitung durch Ehrenamtsorgane, oft ehrenamtliche Helferinnen und Helfer im Arbeitsvollzug.
7. Erfolgskontrolle (Effizienz)	Primär über marktbestimmte Grössen (Gewinn, ROI, Umsatz, Marktanteil), welche die Gesamteffizienz messen.	Kein Indikator für die Gesamteffizienz; schwierige Zieloperationalisierung und Nutzenmessung (kaum quantifizierbar) bei Einzelaktionen.	Analog Selbsthilfe-NPO.

und deren **Ausprägung** bei Unternehmungen (Profit-Organisationen) und Nonprofit-Organisationen (NPO), die ihrerseits gesamthaft als Dritter Bereich, d.h. also Third Sector, aufgefasst werden können (siehe Abbildung 1). Ein weiterer Grund, diese Synopsis als Basis zu verwenden, liegt darin, dass das *VMI* im Rahmen seiner Gutachtertätigkeit für das *Schweizerische Bundesamt für Statistik* im Bereich der **statistischen Erfassung von NPO** in der *Schweiz* ebenfalls von der Nomenklatur des *VMI* ausgegangen ist.

2. Zur Geschichte der NPO in der Schweiz - ein Ausschnitt: Verbandsgeschichte[3,4]

Wie oben skizziert und im Schaubild festgehalten ist der NPO-Bereich, d.h. der Dritte Sektor, von der Definition her sehr **heterogen**. Dies erschwert die **Beschreibung der geschichtlichen Entwicklung**. Im folgenden beschränken wir uns daher zunächst auf die **Entstehungsgeschichte der Verbände**, die ihrerseits als Leitfaden für eine umfassendere NPO-Geschichte dienen könnte.

Die historischen Wurzeln **organisierter Interessenvertretung** reichen in die **Antike**, sowohl die *griechische* wie die *römische* **Antike** kannten **berufsständische Organisationen**. Das im Mittelalter aufblühende **Zunftwesen** hat seinen Ursprung in *byzantinischen* Vorbildern. Von *Italien* ausgehend schlossen sich Handelsleute und später auch Handwerker in Körperschaften zusammen, die über die ökonomische Zielsetzung hinaus das gesellschaftliche, politische ja sogar das religiöse Leben ihrer Mitglieder regelten. Bei den Zünften, Gilden und Ständen handelte es sich aber nicht um freiwillige Zusammenschlüsse im Zwischenraum zwischen Staat und Individuum, nicht um freiwillige Verbände, sie bildeten keine intermediäre Gewalt zwischen Bürger und Staat, sie waren vielmehr die (ständische) Gesellschaft selbst. Das sich entwickelnde und sich verdichtende Zunftwesen schränkte mit der Zeit die Freiheit in der Ausübung von Handwerk und Gewerbe dermassen ein, dass der im Zuge tiefgreifender politischer und wirtschaftlicher Umwälzungen erfolgte Niedergang der

Zünfte im 17. und insbesondere im 18. Jahrhundert rückblickend nicht mehr überrascht.

Die neuere **Verbandsgeschichte** in der *Schweiz* beginnt mit der **Gründung verschiedener Vereine und Gesellschaften** ab Mitte des 19. Jahrhunderts. Sie entstanden bei der **Arbeitnehmerschaft** wie in der **Landwirtschaft** und im **Gewerbe**. Sie wollten ihre Mitglieder nicht allein wirtschaftlich und sozial fördern sondern vor allem auch aufklären, belehren und weiterbilden.

Den entscheidenden Aufschwung erlebte das *schweizerische* **Verbandswesen** aber erst im Zuge der beiden Weltkriege, was 1947 in einer verfassungsmässigen Verankerung der Rolle und Funktion und vor allem der Mitwirkungskompetenz der Verbände bei dem Erlass und insbesondere auch beim Vollzug von Gesetzen mündete. Damit wurde kodifiziert, was sich in der modernen Wirtschafts- und Sozialgeschichte der *Schweiz* entwickelt hatte, nämlich nicht allein die föderalistische Struktur, d.h. die zwischen den staatlichen Ebenen herrschende Subsidiarität (Bund, Kantone und Gemeinden - unter dem Begriff Staat versteht das *schweizerische* Recht den Kanton, dem alle öffentlichen Aufgaben zukommen, soweit die Bundesverfassung nicht ausdrücklich eine entsprechende Bundeskompetenz vorsieht), sondern die sogenannte **funktionale Subsidiarität** zwischen Staat, Verband und Individuum, wobei zunächst die untere Ebene eine öffentliche Aufgabe übertragen bekommt, und erst bei Nicht-Genügen die Aufgabe nach oben delegiert wird. Hiezu kommt die traditionelle Skepsis gegen Staatsgewalt in der *schweizerischen* Geschichte. Die **Freiheitsrechte** des *Schweizers* umschreiben zunächst die Freiheit des Bürgers vom Staat. Die viel zitierte Handels- und Gewerbefreiheit zielt nicht etwa auf eine starke Wettbewerbspolitik, sondern auf eine von staatlichen Interventionismus freie Betätigung des Bürgers auch und gerade in unternehmerischen Zusammenschlüssen wie Verbänden und Kartellen.

3. Zur Bedeutung der NPO in der Schweiz[5]

Die **Unterstützung der Mitglieder** in erwerbs-, berufs- und konsumwirtschaftlichen Fragen stellte und stellt die Hauptaufgabe der Verbände dar. Dabei lassen sich hauptsächlich zwei **Aktivitätsfelder** unterscheiden:[6]

→   auf der einen Seite **Ökonomisierungs-** und **Koordinations-leistungen,**

→   auf der anderen Seite **Vertretungsleistungen.**

Die **Ökonomisierungsleistungen** umfassen Leistungen in Form von **Gütern** und **Dienstleistungen,** die von den Mitgliedern bezogen werden, da diese auf individueller Basis solche Güter und Dienstleistungen technisch und/oder organisatorisch nicht erstellen können oder wollen. Im Vordergrund stehen dabei verbandliche Versicherungswerke wie Krankenkassen oder AHV-Ausgleichskassen (AHV: Alters- und Hinterbliebenen-Versicherung, die staatliche Altersversicherung der *Schweiz,* die sog. Erste Säule, die im Verbund mit der Zweiten Säule, der betrieblichen Altersvorsorge - ihrerseits auch oft von Verbänden getragen - die zentralen Elemente der schweizerischen Sozialversicherung bilden).

Zur Ökonomisierung ist auch die **berufliche Aus- und Weiterbildung** zu zählen. Das *schweizerische* Lehrlingswesen, ein duales Lehrlingswesen - die Lehrlinge absolvieren ihre Lehre bei einem Lehrmeister und besuchen daneben die Berufsschule - beruht im wesentlichen auf verbandlichen Institutionen wie z.B. die gesamte kaufmännische Ausbildung. Des weiteren sind im Zusammenhang mit den Ökonomisierungsfunktionen von Verbänden die technischen Normierungen, die Vereinheitlichung der Buchführung und Kostenstellenrechnung, der EDV-Applikationen bis zur Koordination auf den Beschaffungs- und Absatzmärkten im In- und Ausland zu nennen. Des weiteren sind hier Tarifvereinbarungen zwischen Arbeitgeber und Arbeitnehmer

(Gesamtarbeitsverträge) sowie zwischen Krankenkassen und Ärzten usw. usf. zu erwähnen.

Mit diesen letzteren Beispielen ist die **Vertretungsfunktion** der Verbände angesprochen. Sie manifestiert sich insbesondere in der politischen Szene, wo aufgrund des starken Ausbaus der Volksrechte - jedes Bundesgesetz untersteht dem fakultativen Referendum und die Bundesverfassung ist aufgrund eines Volks- und Ständemehrs jederzeit ganz oder teilweise revidierbar - die Verbände als in der Regel gut organisierte oder organisierbare Interessenvertretungen die massgebende Rolle spielen. Mit der Ablehnung oder der Zustimmung zu einem Gesetz oder einer Verfassungsvorschrift ist die Rolle der Verbände im politischen Kontext nicht erschöpfend beschrieben. Die Vertretungs- und zum Teil auch die Ökonomisierungsfunktion der Verbände zeigt sich auch und gerade beim Vollzug behördlicher Erlässe.

Das Bild zur Beschreibung der Bedeutung der Verbände in der *Schweiz* wäre unvollständig, wenn man sich auf die rein wirtschaftlichen Organisationen beschränken würde. Die Dominanz des **Milizsystems** schlägt sich neben der Armee in allen **Lebensbereichen** nieder. Vom Kulturellen, Sportlichen, Sozialen, Philanthropischen, Karitativen, Religiösen, Konfessionellen bis hin zum Ökologischen reicht das Spektrum des milizartigen Organisationsmusters.

Es verwundert daher nicht, dass die *Schweiz* als ausgesprochenes **Vereinsland** tituliert werden kann. Dies wird ergänzt durch die grosse Bedeutung der **Stiftungen** in allen Bereichen. Im Verbund mit der ganzen **Genossenschaftskultur** unseres Landes, der *Schweizerischen* Eid-Genossenschaft, sind damit die **drei Standardformen** der **Organisationen ohne Erwerbscharakter**, **Vereine**, **Stiftungen** und in einem gewissen Sinne auch die **Genossenschaften**, soweit sie noch als echte Selbsthilfeorganisationen aufgefasst werden können, erwähnt, und damit auch die Klammer, die von der Rechtsnatur her den Dritten Bereich, den Bereich der NPO umfasst.

4. Zur Kritik an den Verbänden[7]

Es wäre zu einseitig, nur die Rolle und Bedeutung der Verbände im besonderen und der Organisationen ohne Erwerbscharakter im allgemeinen zu erwähnen, ohne auf die **Kritik** an deren **Macht** und **Einfluss** hinzuweisen. Ein Ausgangspunkt der Kritik ist die Vermutung, dass die Verbände ihrem Auftrag und Selbstverständnis gemäss im Zweifel **zugunsten** der **Interessen ihrer Mitglieder** und gegen die gesamtgesellschaftlich bessere Lösung entscheiden. Ein zweiter Ansatz zielt auf die **fehlende Mitbestimmung** des einzelnen Bürgers in einem Verbandsstaat. Der hochorganisierten und bestvertretenen Interessengruppe steht der Bürger ohne direkten Zugang zu Staat und Verwaltung gegenüber. Verstärkt wird dieses Bild der Hilflosigkeit durch die Prädominanz der fachlichen Zuständigkeiten in einem modernen Staatswesen. Stärker ökonomisch beurteilt wird in den Verbänden vor allem eine **Ballung von Macht** bestehend aus Wissen, Marktmacht und Finanzkraft.

Selbstverständlich zielen solche kritischen Überlegungen zu kurz. Die Tatsache, dass es Verbände und weitere analoge NPO in einem freiheitlichen Umfeld gab und gibt, dass neue Gruppierungen entstehen, weist auf die grundlegende Ursache solcher Gebilde hin, nämlich auf die Existenz von **Transaktionskosten**, die bei wirtschaftlicher, politischer, kultureller, karitativer, sozialer u.ä. Betätigung anfallen und minimiert werden, indem eigene Organisationen wie Unternehmen aber auch Verbände und weitere Nonprofit-Organisationen gegründet werden. Den NPO fällt dabei die Rolle zu, solche Dienstleistungen und auch Güter anzubieten, die weder von privater individueller noch staatlicher Seite her 'im Angebot sind'. Erst vor dem Hintergrund einer umfassenden **Transaktionskostenanalyse** dürfte daher ein ausgewogenes Urteil über die (berechtigte) Rolle und Funktion von Verbänden u.ä. NPO möglich sein.

5. Zur statistischen Erfassung von Verbänden und NPO in der Schweiz[8]

So unbestritten die dominierende Rolle und Funktion der Verbände wie auch sehr vieler weiterer NPO in Geschichte und Gesellschaft der *Schweiz* sind, so mager ist die Ausbeute, wenn man sich mit der **statistischen Erfassung von NPO** befasst. Es ist daher kein Zufall, dass das *Schweizerische Bundesamt für Statistik* dem *Forschungsinstitut für Verbands- und Genossenschafts-Management* (*VMI*) drei **Gutachten** zur besseren **statischen Erfassung von NPO** in der *Schweiz* übertragen hat (vgl. *Blümle E.-B.* et al.: Zur statistischen Erfassung von NPO, Fribourg 1991, 1993, 1994).

Bislang hat sich das erwähnte Amt mit ad-hoc-Umfragen am Rande von Betriebsstättenzählungen behelfen müssen. Die Arbeiten des *VMI* zielen demgegenüber auf eine **systematische Auswertung vorhandener Datenquellen**, wie sie insbesondere bei den Steuerbehörden, den Aufsichtsbehörden für Stiftungen sowie bei Sozial- und Sachversicherungen anfallen. Neben dem **Pilotprojekt** 1991 befassten sich die Anschlussarbeiten (1993 und 1994) mit der statistischen Erfassung **kirchlicher und religiöser Organisationen** sowie mit der statistischen Erfassung von **Arbeitnehmerverbänden** und **politischen Parteien**. Das Ganze sollte mit der Zeit in ein **Erfassungssystem** mit konzernartiger Struktur münden, bei dem das Amt sich nicht mehr an den Einzelverband, die einzelne Kirchgemeinde wenden müsste, sondern von zentralen, möglichst nationalen Organisationen bedient würde.

Anmerkungen:

1   Vgl. z.B. Riemer H.M.: Berner Kommentar, Kommentar zum schweizerischen Privatrecht, Band I, 3. Abteilung, 2. Teilband, Die Vereine, Bern 1990 und 3. Teilband, die Stiftungen, Bern 1981

2   Vgl. Schwarz P.: Milizmanagement in NPO, in: B'VM (Beratergruppe für Verbands-Management), 10 Jahre B'VM, Bern 1993, S. 20

3   Vgl. Blümle E.-B., Halm R. und Schnyder S.: Die statistische Erfassung von NPO in der Schweiz, Fribourg 1991

4   Vgl. Meyer K.: Verbände und Demokratie, Olten 1968

5   Vgl. Blümle E.-B., Halm R. und Schnyder S., a.a.O.

6   Vgl. Blümle E.-B. und Imboden F.: Verbandspolititk - gestern, heute, morgen, in: SBV (Hrsg.): Das ökonomische und soziale Umfeld schweizerischer Wirtschaftsverbände, Basel 1986, S. 6-12

7   Vgl. Schnyder S.: Sind Verbände berechtigt?, in: Verwaltung und Organisation, Nr. 7-8, S. 185-188

     Vgl. Schnyder S.: Private Sozialpolitik, Elemente einer ökonomischen Theorie karitativer Organisationen, in: Zeitschrift für öffentliche Fürsorge, Nr. 10, Oktober 1991, S. 147-151

8   Vgl. Blümle E.-B., Halm R. und Schnyder S., a.a.O.

     Vgl. Blümle E.-B., Noesberger R. und Schnyder S.: Statistische Erfassung von Kirchen und religiösen Organisationen in der Schweiz, Fribourg 1993

     Vgl. Blümle E.-B., Maass R. und Schnyder S.: Statistische Erfassung von Arbeitnehmerverbänden und Politischen Parteien in der Schweiz, Fribourg 1994

NPO-Forschung in Österreich:
Eine sozialwissenschaftliche Perspektive

Christoph BADELT, Wien

Die beiden österreichischen Beiträge bringen die gegenwärtig beachtliche Vielfalt des Verständnisses von Nonprofit Organisationen (NPOs) bzw. von NPO-Forschung deutlich zum Ausdruck. Die auf diesem Themengebiet arbeitenden Forscher gehen von einem unterschiedlichen Vorverständnis des Themas aus und unterscheiden sich darüber hinaus auch durch die Prägung, welche sie in ihren eigenen Fachdisziplinen erfahren haben. Dies erschwert es zwar, ein konsistentes Bild über die NPO-Forschung in Österreich zu geben. Andererseits wird dadurch auch eine beachtliche Chance offenbar:

Das Interesse am Phänomen "NPO" ist nicht nur offenkundig im Wachsen begriffen; es besteht darüber hinaus in verschiedenen Disziplinen. Auf der Basis eines interdisziplinären Dialogs könnte deshalb in der Zukunft das Verständnis des Phänomens NPO in der österreichischen Gesellschaft deutlich zunehmen.

Ziel dieses Beitrages ist es, die NPO-Forschung in Österreich aus der Perspektive der Volkswirtschaftslehre und der Sozialwissenschaften im allgemeinen darzustellen. Der Artikel versteht sich somit als eine Ergänzung zu jenem von Reinbert *Schauer*, der sich primär der betriebswirtschaftlichen und juristischen Zugangsweise widmet. Darüber hinaus ist die kurze Charakterisierung der in Österreich tätigen Forscher mit ihren Arbeitsschwerpunkten im Beitrag von *Schauer* enthalten und wird hier nicht mehr wiederholt.

1. NPO-Bewußtsein und NPO-Szene in Österreich

In Österreich fehlt über weite Strecken nach wie vor ein "NPO-Bewußtsein". Dies kommt schon in der deutschen Sprache zum Ausdruck, wo es z.b. keine adäquate, vor allem aber keine in der Alltagssprache verankerte Termini gibt, die z.b. den englischen Ausdrücken "Non Profit Sector" oder "Voluntary Sector" entsprechen würden.

Allerdings deuten verschiedene Phänomene darauf hin, daß sich gegenwärtig auch in Österreich das Bewußtsein eines Nonprofit Sektors langsam herausbildet. Dies gilt vor allem für die Schnittstelle zwischen wissenschaftlicher und politischer Diskussion, vor allem im Zusammenhang mit der politischen Diskussion des Wohlfahrtsstaats. Bei der Erörterung der Grenzen des Wohlfahrtsstaats, aber auch bei der Debatte um Reformstrategien wird in Wissenschaft und Politik zunehmend auf die Bedeutung der Nonprofit Organisationen hingewiesen.

Paradigmatisch für diese Entwicklung ist etwa das Konzept des "Welfare Mix", wie es von *Evers* und *Wintersberger* (1988) propagiert worden ist. Unter anderen Überschriften, wie etwa jener des "autonomen Sektors" (vgl. *Matzner* 1982) oder der "gesellschaftlichen Selbstorganisation" bzw. der "Freiwilligenarbeit" (vgl. *Badelt* 1980, 1985) sind diese Themen schon seit rund fünfzehn Jahren propagiert worden. Dabei hat die wissenschaftliche Forschung auch ihren Beitrag zur Herausbildung eines politischen Bewußtseinsprozesses geleistet.

Auch im Forschungsbetrieb selbst gibt es Hinweise darauf, daß sich bezüglich des Bewußtseins eines eigenen Themas "NPO" eine interessante Wende abzeichnet. Noch vor wenigen Jahren hätte eine Bestandsaufnahme der NPO-Forschung zum Ergebnis geführt, daß dieses Thema - zumindest unter der Überschrift "NPO Forschung" - weitgehend unbekannt ist. Personen, die sich - wie die obigen Beispiele zeigen - mit NPO relevanten Themen befaßt hatten, wurden noch bis vor kurzem in ihren angestammten Disziplinen als Außenseiter angesehen, die außerhalb des Kernbereichs der eigenen Disziplin tätig waren. (Am wenigsten hat dies noch für die Soziologie und Politik-

wissenschaft gegolten, viel stärker jedenfalls für die Volkswirtschaftslehre.)

Obgleich schon seit längerer Zeit NPO relevante Themen Gegenstand
von Forschungsarbeiten waren, wurde diese Forschung doch über
weite Strecken unter anderen Überschriften betrieben bzw. publik
gemacht. Dies kann etwa an den Themen einschlägiger Tagungen und
Fachpublikationen gesehen werden. Die Genossenschaftsforschung ist
dafür ein traditionsreiches, die Beschäftigung mit dem Phänomen
"Sozialmanagement" ein gutes jüngeres Beispiel (vgl. ÖKSA 1991, *Popp*
1990). Auf eine jetzt im Gang befindliche Wende deutet nun, daß in den
wirtschaftswissenschaftlichen Disziplinen jüngstens immer mehr
Veranstaltungen ausdrücklich zum Thema NPOs organisiert werden. So
fand erst vor kurzem an der Wirtschaftsuniversität Wien der "Erste
Österreichische NPO-Kongreß" des Controllerinstituts statt.

Parallel dazu geht die Entwicklung ausdrücklicher Lehrprogramme an
Universitäten bzw. im Bereich der postgradualen Weiterbildung von
Universitäten, wofür der unter der Leitung des Autors stehende "Inter-
disziplinäre Universitätslehrgang für Sozialwirtschaft, Management und
Organisation Sozialer Dienste (ISMOS-Lehrgang)" als Beispiel dienen
kann. Schließlich werden auch am Arbeitsmarkt für Wirtschaftsaka-
demiker und Sozialwissenschafter immer mehr Positionen ausdrücklich
als "dem NPO-Bereich zugehörig" definiert. Dies steht in einer sichtbaren
Wechselwirkung zu den beschriebenen Tendenzen in der universitären
Welt, in der Forschung und in der Beratung.

Ein guter Indikator für die skizzierte Trendwende ist auch das
offenkundig im Wachsen befindliche Prestige der NPO-Forschung.
Während in den letzten fünfzehn oder zwanzig Jahren NPO-Forschung
wie erwähnt oft unter anderen Überschriften betrieben worden ist, zeigt
nicht zuletzt die im Beitrag von Reinbert *Schauer* dargestellte Zusammenstellung von Persönlichkeiten und Forschungsthemen einen Trend,
Forschung, die seit vielen Jahren unter anderen Titeln betrieben worden
ist, nun als "NPO relevant" zu bezeichnen. Während noch vor wenigen
Jahren die Beschäftigung mit NPOs Staunen verursachte und die

Gefahr eines Außenseiterdaseins mit sich brachte, scheint die Stimmung jetzt umzuschlagen: Forscher bemühen sich, ihre Tätigkeit als NPO-Forschung zu bezeichnen, obgleich sie vor einigen Jahren dieses "Bekenntnis" nicht abgelegt haben.

Daß die skizzierte Wende erst im Gange, noch keineswegs aber vollständig vollzogen ist, läßt sich an bestimmten Formalstrukturen erkennen. So kennt die Forschungsorganisation den Begriff der NPO-Forschung noch kaum. Einschlägige Fachjournale, die etwa im angelsächsischen Raum bereits einen festen Stand und beachtliches Prestige erreicht haben, werden zwar unter Mitarbeit auch von österreichischen Forschern gestaltet (vgl. z.B. Voluntas oder Nonprofit and Voluntary Sector Quarterly oder Nonprofit Management and Leadership), ein österreichisches oder auch nur deutschsprachiges Organ der NPO-Forschung fehlt jedoch noch, bzw. - wie aus dem Beitrag von Bauer hervorgeht - sind die ersten "Gehversuche" erst im Gange. Forschungsinstitute zum NPO-Bereich fehlen und auch die Berücksichtigung der NPO Forschung als eigene Disziplin in einschlägigen Katalogen oder Kategorisierungen (z.B. der Systematik der Forschungstätigkeiten) gibt es praktisch noch nicht.

Hinsichtlich der Lehre sind zwar erste Koordinations- und Sammelbewegungen im Gange, eine etablierte Lehrorganisation für NPOs fehlt aber in Österreich, wieder ganz zum Unterschied vom angelsächsischen Sprachraum. Allerdings sind in den letzten Jahren für Subbereiche des Nonprofit Sektors, wie insbesondere für das Sozialwesen oder die Kultur, universitäre Ausbildungsprogramme entwickelt worden, nachdem eine wirtschaftswissenschaftliche Spezialausbildung für den öffentlichen Sektor nur bescheidenen Erfolg hatte. Jedenfalls ist der Schritt zu einer gemeinsamen Klammer der NPO-Lehre noch nicht vollzogen.

Das erst in Ansätzen entwickelte NPO-Bewußtsein bzw. die gerade im Begriff befindliche Wende zu einer stärker konturierten NPO-Forschung steht in einem bemerkenswerten Widerspruch zur realen politischen und gesellschaftlichen Szene Österreichs. Diese ist nämlich durch eine

Vielzahl von Institutionen geprägt, die "nicht auf Gewinn gerichtet sind" und daher bei einer entsprechend extensiven Definition als NPO betrachtet werden könnten. Die besondere gesellschaftliche bzw. politische Struktur Österreichs bringt es mit sich, daß diese Organisationen sogar einen ganz besonders wichtigen Stellenwert haben, der wahrscheinlich wichtiger ist als dies für viele andere Länder Europas oder die Vereinigten Staaten der Fall ist.

Es ist nicht Aufgabe dieses Beitrags, das institutionelle Bild des NPO-Sektors in Österreich genau zu beschreiben. In Erinnerung gerufen seien aber nur die zahlreichen Verbände im Bereich der Sozialpartnerschaft, die vielfachen Schattierungen des öffentlichen Sektors, die von der Gemeinwirtschaft bis zu den Varianten des öffentlichen Einflusses auch in Unternehmen, die juristisch For Profit-Unternehmen sind, reichen. Weitere wichtige gesellschaftliche Institutionen sind die freien Vereine und Verbände im Bereich des Wohlfahrtswesens, der Kultur, des Sports, der Bildung und des Gesundheitswesens sowie die vielfältigen Ausprägungen der Genossenschaften, die vom Bereich des Gewerbes, der Landwirtschaft, des Finanzwesens bis zum Wohnbau reichen.

Während somit der faktische Stellenwert der NPOs in Österreich besonders bedeutsam ist, läßt sich dieser Stellenwert gegenwärtig kaum in exakten Zahlen zusammenfassen. Überall dort, wo sich Institutionen innerhalb der regulären Produktionsstatistiken des volkswirtschaftlichen Rechnungswesens befinden, ist dies zwar möglich. Außerhalb dieses Bereichs, und dies gilt vor allem für private NPOs im Bereich des Sozialen, der Kultur, der Bildung, des Sports und des Gesundheitswesens, fehlen solche Daten weitgehend, wobei erste Erhebungen durch ein laufendes Forschungsprojekt gerade im Gange sind.

2.   Zum begrifflichen Verständnis von NPOs

Die Breite und die Vielfalt des in Österreich existierenden Bildes von NPOs läßt es ebenso wie die Heterogenität der Forschung, die zu diesem Bereich betrieben wird, als sinnvoll erscheinen, nach einer engeren und operationalen Definition des Begriffes "Nonprofit-Organisation" zu suchen. Wo immer Nonprofit-Forscher zusammenkommen, wird deshalb der Diskussion der Abgrenzung der verwendeten Begriffe großes Augenmerk gewidmet, obgleich es sich dabei nur um eine Vorfrage zu einem inhaltlichen (theoretischen oder empirischen) Diskurs handelt.

Auch im Bereich der österreichischen NPO-Forschung herrscht offensichtlich keine Einheitlichkeit über den zugrundeliegenden NPO-Begriff. Deshalb sollen aus der Sicht der in diesem Beitrag vertretenen Disziplinen einige methodische Bemerkungen zur Begriffsdiskussion angebracht werden:

(1) Nach dem Verständnis dieses Beitrages - der sich diesbezüglich dem herrschenden Verständnis der Sozialwissenschaften verpflichtet fühlt - dienen Definitionen vor allem dem intersubjektiven Verständnis über Begriffsinhalte; sie können daher nicht "wahr" oder "falsch" sein, vielmehr sind sie bestenfalls für einen bestimmten Zweck mehr oder weniger "tauglich". Die Tauglichkeit einer Begriffsbildung kann an verschiedenen Fragestellungen orientiert sein, die ihrerseits wieder theoretisch (somit erklärender oder deskriptiver Charakter), empirisch oder politikorientiert sein können.

(2) Zur Tauglichkeit von Definitionen trägt es bei, wenn sich Definitionen auf Merkmale stützen, die direkt beobachtbare Sachverhalte darstellen. Unter diesem Gesichtspunkt ist es daher wenig tauglich, wenn Definitionen als diskriminierende Merkmale eines Begriffs Handlungs-*motive* heranziehen, weil diese niemals direkt beobachtbar sondern höchstens indirekt - und auch das selten streitfrei - ermittelt werden können.

(3) Zur Tauglichkeit von Definitionen trägt es ferner wesentlich bei, wenn Definitionen einen stark diskriminierenden Charakter haben. Dies bedeutet, daß sie auf Merkmalen aufbauen müssen, die das definierte Objekt von anderen unterscheidet. Um eine bestimmte reale

Organisation als NPO zu kategorisieren, müssen diskriminierende Merkmale dann in einer ganz bestimmten Merkmalsausprägung vorhanden sein. Darüber hinaus ist es selbstverständlich denkbar, daß Merkmale zur Charakterisierung von NPOs herangezogen werden, die in verschiedenen Ausprägungen vorliegen, und die somit für eine Arten- oder Typenbildung innerhalb des Oberbegriffs NPO geeignet sind. (vgl. dazu *Badelt* 1980, S. 31ff)

In der deutschsprachigen Diskussion wird oft mit Definitionen operiert, die dem zweiten und dritten der genannten Kriterien widersprechen. Hinsichtlich des zweiten Kriteriums ist dies vor allem dann der Fall, wenn NPOs mittels unterstellter Handlungsmotive definiert werden. Besonders häufig findet sich dabei der Zugang, NPOs über den Hauptzweck "Bedarfsorientierung" bzw. "Sachzieldominanz" zu charakterisieren, während für gewinnorientierte Unternehmen die "Gewinn- orientierung" bzw. "Formalzieldominanz" als diskriminierende Merkmale angesehen werden. (z.B. *Schwarz* 1992, S. 25f)

Im Verhältnis zu dieser weit verbreiteten Praxis ist die in der angelsächsischen Literatur vorherrschende Definition des NPO-Begriffs weit trennschärfer. Sie wird auch in der Volkswirtschaftslehre in der Regel verwendet, bisweilen auch in der Soziologie. Sie definiert den NPO-Begriff nicht über Ziele sondern über Restriktionen, was insbesondere für die gängige Abgrenzung einer NPO über die "Non Distribution Constraint" zutrifft. Damit ist eine Organisation ange- sprochen, die hinsichtlich ihrer Gewinnverwendung bestimmten Restriktionen unterliegt. In der Regel darf sie Gewinne nicht an Eigen- tümer oder andere Mitglieder ausschütten. (vgl. z.B. *Hansmann* 1987)

Wie *Bauer* in seinem Beitrag aufzeigt, entspricht die amerikanische Non Distribution Constraint über weite Strecken dem deutschsprachigen Gemeinnützigkeitsbegriff. Sie ist daher ein Begriffsmerkmal, das sehr stark juristisch geprägt ist und auch in juristischer Hinsicht hinsichtlich des Zutreffens oder Nichtzutreffens überprüft werden kann.

Als zweites diskriminierendes Merkmal des in der Volkswirtschaftslehre vorherrschenden NPO-Begriffs wird meistens eine bestimmte Struktur der Eigentumsrechte gewählt. Wenn nicht anders verlautet, so wird unter dem Begriff NPO meistens eine nicht öffentliche Organisation verstanden. Dies bedeutet keineswegs, öffentliche Unternehmen oder auch Organisationen, die aufgrund ihrer spezifischen Rechtsform als halböffentlich anzusehen sind, als irrelevant für die volkswirtschaftliche Forschung zu bezeichnen: Im Gegenteil, solche Unternehmungen waren seit jeher Gegenstandsbereich der Finanzwissenschaft. Wichtig ist jedoch darauf zu verweisen, daß sich die spezifische NPO-Forschung in der Regel als ein Forschungsgebiet versteht, das außerhalb des öffentlichen Sektors angesiedelt ist.

Die traditionelle Forschung des öffentlichen Sektors wird daher durch die NPO Forschung nicht konkurrenziert, sondern in wesentlicher Hinsicht ergänzt. Zu dieser Ergänzungsfunktion gehört es meistens auch, nach gemeinsamen Merkmalen oder auch gemeinsam verwendbaren theoretischen Hypothesen zu suchen.

Die volkswirtschaftliche NPO-Forschung setzt sich ferner durch die Formulierung von Verhaltenshypothesen mit zahlreichen Phänomenen auseinander, die in der deutschsprachigen betriebswirtschaftlichen Forschung als "Strukturmerkmale" (das heißt in der Praxis artenbildende Merkmale von NPOs) *definiert* werden. Gute Beispiele (vgl. *Schwarz* 1992, S. 25f) sind Aussagen über die Verwendung von ehrenamtlichen Mitarbeitern und deren volkswirtschaftliche Relevanz, die Finanzierungsstruktur und das daraus abzuleitende Verhalten auf Märkten, die Art der produzierten Güter (Kollektivgüter oder marktfähige Individualgüter) und schließlich jenes Angebotsverhalten, das aus mehr oder weniger demokratisch bzw. partizipativ strukturierten Entscheidungsstrukturen abzuleiten ist. Zu all diesen Fragen werden Verhaltenshypothesen formuliert und auch empirisch getestet.

Folgt man der Definition einer NPO über die diskriminierenden Merkmale "Non Distribution Constraint" und "nicht öffentliches Eigentum", dann gibt es auch in dieser scheinbar so engen Abgrenzung immer noch eine Vielzahl von einschlägigen Institutionen in Österreich. Auf der empirisch deskriptiven Ebene ließe sich danach eine Typologie von NPOs entwickeln (z.B. nach dem Tätigkeitsfeld, nach der Größe, nach der Rechtsform, nach dem Grad der Formalstruktur, nach dem Umfang der eingesetzten ehrenamtlichen Arbeit etc.).

Die Entscheidung, ob die Zusammenfassung sehr vieler verschiedener Institutionen unter dem Oberbegriff NPO sinnvoll ist, ist vor allem im Hinblick auf den Entstehungs- und Verwendungszusammenhang der Forschung zu treffen. Diese Zusammenhänge sind offensichtlich in verschiedenen Wissenschaftsdisziplinen unterschiedlich. Aus diesem Grund sollen in der Folge einige Anmerkungen zum Entstehungs- und Verwendungszusammenhang der sozialwissenschaftlichen NPO-Forschung gemacht werden.

3. Zum Stand der NPO-Forschung aus volkswirtschaftlich und allgemein sozialwissenschaftlicher Sicht

Die volkswirtschaftlich und allgemein sozialwissenschaftliche Forschung zum Themenbereich der NPOs ist stark durch spezifische Verwendungszusammenhänge geprägt. Dazu zählen vor allem NPOs als Alternative zur staatlichen Versorgung mit Dienstleistungen (z.B. im Sozial- und Gesundheitswesen, in der Bildung, Erziehung und Kultur) sowie NPOs im politischen Entscheidungsprozeß (z.B. im Rahmen der Verbändeforschung, der Bürgerinitiativen und dergleichen mehr). Welche Arbeitsbereiche dabei in Österreich konkret abgehandelt werden, können der im Beitrag von Reinbert *Schauer* enthaltenen Aufstellung entnommen werden. In der Folge soll eine aus der Sicht des Verfassers strukturierte Zusammenfassung der dort gegebenen Einzelbefunde gegeben werden:

Manche Forschungsarbeiten schneiden das Thema NPO explizit an, während sie in anderen NPOs nur implizit eine Rolle spielen. Explizite NPO-Forschung wird vor allem in jenen Arbeiten betrieben, die im weiteren Sinn des Wortes einem Ansatz des "Institutional Choice", also einer Beschäftigung mit der Wahlentscheidung für bestimmte Institutionen verpflichtet sind (*Weisbrod* 1988; *Badelt* 1990). Dazu zählen dann insbesondere folgende inhaltliche Arbeitsbereiche:

o Die definitorische bzw. deskriptive Ebene, die sich etwa in der Erstellung einer Morphologie von Institutionen zur Erfüllung einer bestimmten Aufgabe äußert. Im Rahmen einer solchen Typologie von Institutionen werden dann auch NPOs als eine einzige Form oder in vielfachen Subformen plaziert.

o Die Erklärung der Entstehung und des Verhaltens von Institutionen auf theoretischer Ebene (die Theorie der Entstehung von Institutionen, des institutionellen Wandels sowohl in einer historischen als auch einer vertragstheoretischen Perspektive).

o Die Erarbeitung von Beurteilungskriterien für den Vergleich von Institutionen (wie z.b. Effizienz, Gerechtigkeit, Gleichheit, Sicherheit und anderen gesellschaftspolitischen Werturteilen).

o Die komparative Analyse von Institutionen; dazu zählt vor allem die Gewinnung von Aussagen, inwieweit NPOs im Verhältnis zu anderen Institutionen bestimmte Ziele, wie etwa Effizienz oder Gerechtigkeit besser oder schlechter erreichen als ihre Mitkonkurrenten. Diese Forschung kann sowohl theoretisch als auch empirisch betrieben werden.

Forschungen dieser Art werden teilweise auf einen allgemeinen Institutionenvergleich bezogen, zum anderen können sie auch auf bestimmte Leistungen ("Industries") beschränkt sein. Empirische Forschungen dieser Art existieren etwa für den Vergleich von sozialen Dienstleistungen im Bereich der Versorgung von Alten, im Gesundheitswesen, in der Ausbildung (Kindergärten und dergleichen mehr), aber auch bei Pflegedienstleistungen, im Kulturmanagement usw. (vgl. z.B. *Badelt, Weiss* 1990; *Badelt* et al. 1993; *Badelt, Holzmann, Matul* 1994)

Sofern solche Forschungsarbeiten mit ökonomischem Hintergrund verfaßt worden sind, stellen sie eine Fortsetzung und Verbreiterung jener Tradition dar, die in der Finanzwissenschaft und auch in der Theorie der Wirtschaftspolitik unter dem Gesichtspunkt der "Theorie des Staatsversagens" bzw. der "Theorie des Marktversagens", insbesondere aber auch im Zusammenhang mit der Privatisierungsdebatte entstanden sind. Jene Arbeiten, die eher aus der soziologischen oder politikwissenschaftlichen Tradition stammen, orientieren sich meistens an wohlfahrtsstaatlichen Konzepten, zu deren Erfüllung dann verschiedene Formen des "Welfare Mix" untersucht werden.

Neben den sich explizit mit Fragen der NPOs auseinandersetzenden Forschungsarbeiten gibt es eine Reihe von für die NPO-Forschung sehr wichtige Analysen, bei der Erkenntnisse für NPOs eher als Nebenprodukt anfallen. Die primäre Fragestellung der einschlägigen Arbeiten liegt dann z.b. eher bei der untersuchten Dienstleistung, wie dies etwa für die Publikationen zu den Sozial- und Gesundheitssprengeln der Fall ist (vgl. z.b. *Badelt, Holzmann* 1992). Deren NPO-Bezug entsteht dann dadurch, daß das reale Phänomen, das in der Forschung analysiert wird, eine NPO ist. Die institutionelle Form der Leistungserbringung steht jedoch nicht im Zentrum der Untersuchungen. Dennoch können in solchen Analysen NPO relevante Aussagen getroffen werden.

Es ist selbstverständlich denkbar, daß Forschungsarbeiten dieser Art bezüglich der NPOs neue oder andere Erkenntnisse erbringen würden, wenn die institutionelle Form, nach welcher Definition auch immer, mehr im Zentrum der Analyse gestanden wäre. Umgekehrt muß auch an der expliziten NPO-Forschung, die in der Institutional Choice Tradition steht, Kritik geäußert werden. Es zeigt sich nämlich oft, daß vor allem in empirischen Arbeiten die Konzentration auf den Vergleich alternativer institutioneller Formen am wahren Problem, das es zu untersuchen gilt, vorbeisieht. So zeigte etwa eine jüngste Untersuchung der Kosten alternativer Formen der Pflege für alte Menschen, daß die Kriterien Grad der Pflegebedürftigkeit der Patienten, Zentralität der Leistungserstellung, Hierarchie oder Partizipation bei den Entscheidungsstrukturen einen viel stärkeren Einfluß auf die Leistungsfähigkeit von Organisationen haben als die institutionelle Form (vgl. *Badelt, Holzmann, Matul* 1994). Mit anderen Worten: Forschung, die mit dem Anliegen des Institutionenvergleichs beginnt, muß auch den Schluß zulassen können, daß dieser im Einzelfall nicht fruchtbringend sein kann.

Insgesamt ist es daher sicherlich wichtig, die NPO-Forschung aufzuwerten und die institutionelle Form als eine wichtige Erklärungsvariable von Verhaltensunterschieden in der Realität zu untersuchen. Andererseits sollte aber die Relevanz der NPO-Forschung nicht übertrieben werden: Nicht für alle Fragestellungen, in denen NPOs eine Rolle spielen, ist die institutionelle Form wirklich das entscheidende Kriterium. Es gibt auch ein Nebeneinander von bestimmten institutionellen Formen, das eher dem geschichtlichen Zufall als einer tieferen Ratio der Institutionenwahl zuzuschreiben ist.

Abschließend sei noch erwähnt, daß innerhalb der in diesem Beitrag abgehandelten Wissenschaftsdisziplinen auch eine bemerkenswerte Schwerpunktsetzung bei der Wahl der NPO relevanten Fragestellungen vorzufinden ist. So sind Forschungsarbeiten, die die NPOs explizit thematisieren, viel häufiger in der Soziologie und in der Politikwissenschaft als in der Ökonomie vorzufinden. In dem Ausmaß allerdings, in dem auch quantitativ orientierte empirische Forschung zum Institutionenvergleich betrieben wird, nimmt die Bedeutung der Ökonomie wieder zu.

Einen besonderen Stellenwert erfährt in diesem Zusammenhang der Versuch, eine konsistente Leistungsstatistik des Nonprofit Sektors in Österreich zu erarbeiten. Dies wird gegenwärtig im Rahmen eines mehrjährigen Forschungsprojekts an der Wirtschaftsuniversität Wien versucht. Die dabei verfolgte Fragestellung ist zunächst typisch von den Gedanken der Ökonomie geprägt, geht es doch darum, den "NPO Sektor" der österreichischen Wirtschaft hinsichtlich seiner Leistungen so zu quantifizieren, daß er mit dem Rest der österreichischen Wirtschaft vergleichbar wird. Eine Statistik dieser Art ist jedoch über das Interessensfeld der Volkswirtschaftslehre hinaus von Relevanz. Schließlich wird dadurch empirisch belegt, wie unterbelichtet ein wichtiger Teil der österreichischen Wirtschaft und Gesellschaft in der traditionellen sozial- und wirtschaftswissenschaftlichen Forschung ist.

LITERATUR

Badelt, Ch. (1980): Sozioökonomie der Selbstorganisation, Beispiele zur Bürgerselbsthilfe und ihre wirtschaftliche Bedeutung. Frankfurt/New York: Campus-Verlag.

Badelt, Ch. (1985): Politische Ökonomie der Freiwilligenarbeit. Frankfurt/New York: Campus-Verlag.

Badelt, Ch. (1990): Institutional Choice and the Nonprofit Sector. In: Anheier, H.K., Seibel, W. (Hg.) (1990): The Third Sector. Comparative Studies on Nonprofit Organizations. Berlin, New York: De Gruyter, S. 53-63.

Badelt, Ch.; Hofer, H.; Holzmann, A.; Matul, Ch.; Werani, T. (1993): Ökonomische Implikationen alternativer Organisationsformen der Pflegesicherung. Forschungsbericht. Wien: Fonds zur Förderung der wissenschaftlichen Forschung.

Badelt, Ch.; Holzmann, A. (1992): Integrierte Gesundheitsversorgung im Nahraum. Erfolgsbedingungen und Leistungsfähigkeit innovativer Strukturen am Beispiel der Tiroler Sozial- und Gesundheitssprengel. In: Kurswechsel 3(1992).

Badelt, Ch.; Holzmann, A.; Matul, Ch. (1994): Effizienzanalyse der Hauskrankenpflege in Niederösterreich, Teil 2. Wien: Amt der Niederösterreichischen Landesregierung.

Badelt, Ch.; Weiss, P. (1990): Non-profit, for-profit and government organisations in social services provision: comparison of behavioural patterns for Austria. In: Voluntas Vol. 1, No. 1, S. 77-96.

Evers, A.; Wintersberger, H. (1988): Shifts in the Welfare Mix. Wien: Europäisches Zentrum für Wohlfahrtspolitik und Sozialforschung.

Hansmann, H. (1987): Economic Theory of Nonprofit Organizations, in: Powell, W. (1987): The Nonprofit Sector. A Research Handbook. New Haven: Yale Univ. Press, S. 27-42.

Matzner, E. (1982): Der Wohlfahrtsstaat von morgen. Entwurf eines zeitgemäßen Musters staatlicher Interventionen. Wien: Österreichischer Bundesverlag.

ÖKSA (Österreichisches Komitee für Soziale Arbeit) (1991): Sozialmanagement: planen, leiten, handeln im sozialen Bereich. Tagungsband. Wien.

Popp, R. (1990): Sozialplanung/Sozialmanagement — Tagungsbericht. Salzburg: Institut für soziale Infrastruktur.

Schwarz, P. (1992): Management in Nonprofit-Organisationen. Bern: Haupt-Verlag.

Weisbrod, B.A. (1988): The Nonprofit Economy. Cambridge, Mass: Harvard Univ. Press.

NPO-Forschung in Österreich

Reinbert SCHAUER, Linz

1. Abgrenzung des Forschungsbereiches: Der NPO-Sektor in Österreich

Das **Erscheinungsbild** von Non-Profit-Organisationen (NPO) in Österreich ist äußerst komplex. Im Allgemeinverständnis der Öffentlichkeit sind darunter alle Organisationen zu verstehen, die einem gesellschaftlich als notwendig und sinnvoll anerkannten Leistungsauftrag folgen und dabei nicht vorrangig vom Ziel der Gewinnerzielung geleitet werden. Diese Auffassung läßt es zu, daß Non-Profit-Organisationen sowohl auf privater als auch auf öffentlicher **Trägerschaft** beruhen. Der Leistungsauftrag kann somit von der NPO selbst (von innen, aus der Organisation heraus) vorgegeben sein, er kann aber auch einem öffentlichen Anliegen entsprechen und von außen her (z. B. durch gesetzliche Bestimmungen) festgelegt werden. NPOs können auf diese Weise im Rahmen von Dezentralisierungs- und Deregulierungskonzeptionen zur Erfüllung öffentlicher Aufgaben außerhalb des engeren staatlichen Bereichs (= Gebietskörperschaften) herangezogen und entsprechend alimentiert (subventioniert) werden. Aber auch die staatlichen Verwaltungen mit ihren Dienstleistungsbereichen werden oftmals als NPOs angesehen.

Somit ergibt sich ein gegenüber dem "**Third Sector**" nach anglo-amerikanischer Interpretation wesentlich weiter gefaßtes Begriffsverständnis von NPO. Auch die im deutschen Schrifttum bekannte **Typologie** von Peter *Schwarz* (Management in Nonprofit-Organisationen, Bern 1992, S. 18) ist zu modifizieren, da die öffentliche Trägerschaft von Organisationen durch den höheren Stellenwert der Zentralstaatlichkeit in Österreich weit mehr Bedeutung hat als beispielsweise in der Schweiz.

Als **staatliche** NPOs gelten die öffentlichen Verwaltungen von Bund, Ländern und Gemeinden, diesen zugeordnete öffentliche Einrichtungen wie z. B. Schulen, Spitäler, Heime, Museen, Theater usw. sowie eine Reihe von öffentlich-rechtlichen Fonds und (öffentlichen) Stiftungen mit spezifischen Aufgaben. Als **halbstaatliche** NPOs sind die kraft Gesetzes vorgesehenen Selbstverwaltungskörper mit Pflichtmitgliedschaft (Kammern) sowie die Einrichtungen der gesetzlichen Sozialversicherung anzusehen. Sie können als "Bindeglied" zu der Vielzahl an **privaten,** auf einem freiwilligen Zusammenschluß von Personen, Unternehmen und Institutionen beruhenden NPOs angesehen werden, die der Förderung und Vertretung der wirtschaftlichen, kulturellen oder politischen Interessen ihrer Mitglieder dienen bzw. sich der Erbringung karitativer Unterstützungsleistungen an bedürftige Bevölkerungskreise gewidmet haben (**wirtschaftliche, soziokulturelle, politische und karitative** NPOs). Ihnen allen ist gemeinsam, daß sie als demokratisch strukturierte soziale Systeme eingerichtet sind. Die **Freiwilligenarbeit (Ehrenamtlichkeit)** in Leitung und Leistungsausführung ist jedoch nur bei den halbstaatlichen und privaten NPOs von spezifischer Bedeutung, am ausgeprägtesten wohl im **sozialpolitischen** Bereich.

Es ist ratsam, NPOs nicht mit **Gemeinwirtschaft** gleichzusetzen. In Österreich ist eine funktionale Auslegung des Gemeinwirtschafts-Begriffes gebräuchlich. "Gemeinwirtschaft" wird danach als Verhaltensweise im Wirtschaften von Organisationen verstanden, die nicht auf die individuelle Gewinnerzielung und Vermögensmehrung ausgerichtet sind, sondern für ein ihre Aufgabenstellung determinierendes Gemeinwesen erforderliche Leistungen erbringen. Diese Auffassung läßt es wohl zu, die meisten NPOs (mit Ausnahme der Gebietskörperschaften) auch als gemeinwirtschaftliche Organisationen anzusehen. Andererseits sind erwerbswirtschaftliche Zielsetzungen im Sinne einer Rentabilitätserzielung zum Wohle des Gemeinwesens (gemeinwirtschaftliche Gewinnverwendung und somit Dominanz der Formalziele vor Sachzielen) nicht ausgeschlossen. Ein Problem besteht auch in der Zuordnung von **Genossenschaften**, die zwar als mitgliedschaftliche Unternehmen mit einem spezifischen Förderauftrag für ihre Mitglieder ausgestattet sind. Da sich dieser Förderauftrag auch auf die Förderung individueller erwerbswirtschaftlicher Interessen erstrecken kann, ist die Zurechnung der Genossenschaften zum Gemeinwirtschaftssektor und somit auch zum NPO-Bereich umstritten.

2. NPO-Forschung

Die NPO-Forschung ist in Österreich höchst unterschiedlich entwickelt. Während staatliche Einrichtungen (naturgemäß) schon sehr früh Gegenstand juridischer, politologischer, soziologischer, finanzwissenschaftlicher und sozialpolitischer Forschungen waren und auch das Verbandswesen im rechtswissenschaftlichen und politologischen Forschungsbereich einen relativ hohen Stellenwert hat, unterliegt der private NPO-Bereich keinen umfassenden Forschungsanalysen. Dies schließt nicht aus, daß einzelne NPO-Sektoren Gegenstand eingehenderer Forschungsarbeiten waren (z. B. Krankenanstalten und Sozialhilfeeinrichtungen, Genossenschaften). Die Wirtschaftswissenschaften hingegen wenden sich erst seit etwa zwei Jahrzehnten intensiver dem NPO-Bereich zu. Es wird deutlich, daß dabei den staatlichen und halbstaatlichen NPOs weit mehr Gewicht eingeräumt wird als den privaten NPOs. Dies entspricht etwa dem in Österreich erkennbaren Ausmaß an Zentralstaatlichkeit. Verschiedene Ansätze zur Deregulierung und Privatisierung lassen jedoch für die nahe Zukunft eine Änderung erwarten.

In Anlehnung an Ernst-Bernd *Blümle* (Nonprofit-Organisationen in Amerika, in: Zeitschrift für öffentliche und gemeinwirtschaftliche Unternehmen, 1994, Heft 2, S. 218) können auch in Österreich die erkennbaren Forschungsansätze drei Gruppen zugeordnet werden. Eine Gruppe (Christoph *Badelt*, Gabriel *Obermann*, Reinbert *Schauer* u.a.) versucht - teilweise gemeinsam, oft aber auf eigenständigen Wegen -, den NPO-Sektor typologisch und statistisch zu erfassen sowie die besonderen Organisationsmerkmale und Leistungsstrukturen in einer möglichst umfassenden und **integrativen** Sichtweise herauszuarbeiten. Eine andere Gruppe von Forschern bemüht sich um die Analyse von bestimmten **Funktionen** (z. B. Aufarbeitung von Management-,

Marketing-, oder Finanzierungsproblemen sowie von Problemen in der Leistungserstellung und -gewährleistung). Für eine dritte Gruppe ist die **institutionelle** Betrachtungsweise vorrangig. Sie befaßt sich mit speziellen Problemen in einzelnen NPO-Sektoren, wie z. B. im Krankenhausbereich, im Gesundheitswesen, im Bereich Theater, Museen oder im schon erwähnten Genossenschaftsbereich.

Die empirische Forschung überwiegt gegenüber der theoretischen Forschung, wobei sehr viele empirische Forschungen auch in Verbindung mit einer Beratungstätigkeit zu stehen scheinen. Erwähnenswert ist in diesem Zusammenhang, daß staatliche Stellen sehr oft als Auftraggeber für empirische Forschungen auftreten (z. B. Bundesministerien, Landesverwaltungen, Fonds zur Förderung der wissenschaftlichen Forschung).

Ein Teil der Forschungsarbeit ist in eigenen, interuniversitär organisierten Forschungsinstituten institutionalisiert. Als Beispiele seien hier das Forschungsinstitut für Genossenschaftswesen (Universität Wien) oder das Forschungsinstitut für Pflege- und Gesundheitssystemforschung (Universität Linz) genannt. An der Wirtschaftsuniversität Wien ist das Forschungsinstitut für Betriebswirtschaftslehre der Genossenschaften eingerichtet. Ein anderer Teil der Forschungsarbeit geht von universitätsnahen bzw. außeruniversitären Forschungseinrichtungen aus: z. B. Österreichisches Bundesinstitut für Gesundheitswesen - ÖBIG, Europäisches Zentrum für Wohlfahrtspolitik und Sozialforschung. Erwähnenswert ist auch die Forschungsarbeit des Verbandes der öffentlichen Wirtschaft und Gemeinwirtschaft Österreichs auf dem Sektor der gemeinwirtschaftlichen Unternehmen sowie des Kommunalwissenschaftlichen Dokumentationszentrums (KDZ) in Wien und des Instituts für Kommunalwissenschaften und Umweltschutz in Linz auf dem Sektor kommunaler Dienste.

Die folgenden Übersichten geben einen demonstrativen (und keineswegs vollständigen) Einblick in die Forschungsarbeit an den österreichischen Universitäten und anderen Forschungseinrichtungen. Sie beruhen auf den Ergebnissen zweier Befragungen, die in den Sommermonaten 1994 parallel von Christoph *Badelt* (Wirtschaftsuniversität Wien) und Reinbert *Schauer* (Universität Linz) durchgeführt wurden.

2.1. Erhebung BADELT

2.1.1. NPO-relevante Forschungsprojekte an der Abteilung für Sozialpolitik (Prof. BADELT) im Institut für Volkswirtschaftslehre der Wirtschaftsuniversität Wien (Berichtszeitraum 1991 bis 1994)

Bereich 1: Forschungsschwerpunkt "Ältere Menschen - Organisation und Kosten sozialer Dienste"

- "Alternative Organisationsformen der Pflegesicherung in Österreich" (Kostenschätzungen für Altenheime und ambulante Dienstleistungsangebote für Alte), BearbeiterInnen: *Badelt - Holzmann - Matul - Hofer - Werani*
- "Evaluation der Sozial- und Gesundheitssprengel in Tirol", BearbeiterIn: *Badelt - Holzmann*
- "Anspruchs- und Effizienzanalyse der Hauskrankenpflege in Niederösterreich", BearbeiterInnen: *Badelt - Holzmann - Matul*
- "Laien im Gesundheits- und Sozialsystem", Mitwirkung am Frauenbericht der Bundesregierung, Bearbeiter: *Badelt*

Bereich 2: Forschungsschwerpunkt "Behindertenpolitik"

- "Soziale und berufliche Integration behinderter Menschen durch geschützte Arbeitsplätze" - Eine Evaluation der Behindertenarbeit des Instituts für Sozialdienste, Bearbeiter: *Badelt - Österle*

- "Zur Lebenssituation behinderter Menschen in Österreich" (NPO-Relevanz durch Analyse geschützter Werkstätten), Bearbeiter: *Badelt - Österle*

Bereich 3: Forschungsschwerpunkt "Familienpolitik"

- "Alternative Konzepte zur Reorganisation des Familienlastenaus-
  gleichsfonds", Bearbeiter: *Badelt*

*Bereich 4: Forschungsschwerpunkt "Wirtschaftsfragen Sozialer Arbeit:
Nonprofit-Sektor-Forschung im engeren Sinn"*

- "Wirtschaftliche Tätigkeitsinhalte in Sozialberufen" (Arbeitsanalyse
  von Führungskräften in Nonprofit Organisationen), BearbeiterIn:
  Badelt - Salzer
- "Erfolgsmessung in Nonprofit Organisationen des Sozialwesens",
  Bearbeiter: *Badelt - Matul*
- "Akademische Ausbildungsprogramme im Nonprofitbereich des
  Sozialwesens in Österreich, Deutschland und den USA", Bearbeiter:
  Badelt
- "Quantitative Dimensionen des Nonprofit Sektors in Österreich",
  Bearbeiter: *Badelt - Holzmann - Matul*
- "Leistungsdokumentation als Grundlage der Forschungsevaluation
  an der Wirtschaftsuniversität Wien", Bearbeiter: *Badelt - Österle -
  Matul*

Im genannten Berichtszeitraum sind darüber hinaus rund 30
Diplomarbeiten mit NPO-Relevanz verfaßt worden. Dazu kommen noch
drei einschlägige Dissertationen.

2.1.2. NPO-relevante Forschungsprojekte am Europäischen Zentrum für Wohlfahrtspolitik und Sozialforschung

- "Payments for Care" (Internationale Vergleichsstudie zur Organisation und Finanzierung von Pflegeleistungen), Projektbearbeiter: *Evers - Pijl - Ungerson - Leichsenring - Pruckner*
- "Mitsprache: Bedarfsfelder der Mitsprache älterer Menschen in Österreich" (Partizipationsformen älterer Menschen bei Vereinen und Wohlfahrtsträgern und in Seniorenorganisationen)
- "Arbeit und Wohnen behinderter Menschen im Bundesland Salzburg", Projektbearbeiter: *Leichsenring - Strümpel - Gödl - Schoibl*
- "Sozialkoordination" (Evaluation von Sozialsprengelprojekten)

2.1.3. NPO-relevante Forschungsprojekte des Österreichischen Bundesinstituts für Gesundheitswesen

In den letzten Jahren wurde insbesondere in folgenden Bereichen NPO-relevante Forschung betrieben:

- "Analyse der Versorgungssituation mit Alten- und Pflegeheimen in Österreich"
- "Konzepte für Rettungsdienste"
- Mehrere Krankenanstaltenplanungsprojekte
- Landeskonzept für integrierte Sozial- und Gesundheitssprengel für die Steiermark
- Gutachten zum Wiener Landespflegeheimgesetz
- Evaluation der Strukturmittelvergabe des Krankenanstaltenzusammenarbeitsfonds
- Forschungsprojekt zu existierenden Formen der Koordination von Gesundheits- und Sozialdiensten (Sozialsprengel und Alternativprojekte)

2.1.4. Forschungsprojekte mit NPO-Bezug am Forschungsinstitut für Genossenschaftswesen der Universität Wien

- "Bestandssicherung und Zukunft der österreichischen Wohnungsgenossenschaften"
- Pilotprojekt "Seniorenwohngenossenschaft"
- Analyse ausgewählter Systemprobleme ländlicher Genossenschaften in Österreich
- Forschungsschwerpunkt "Genossenschaftliche Organisationsentwicklung"

Das Institut organisiert darüber hinaus auch einschlägige Lehrveranstaltungen.

2.1.5 NPO-relevante Forschung in der Wirtschaftskammer Österreich

Von Robert *Schediwy* liegen verschiedene Publikationen zu den Bereichen Konsumgenossenschaften, Gemeinwirtschaft und Verbraucherpolitik vor.

2.2. Erhebung SCHAUER

Die Erhebung wurde an den österreichischen Universitäten vornehmlich im Bereich der Wirtschaftswissenschaften und der Rechtswissenschaften durchgeführt (60 Forscher wurden angeschrieben, Rücklaufquote 50 %).

NPO-Bereich:	Forscher	Univ.	Projekt
Controlling	Horak	Wien WU	Controlling in NPO
	Kattnigg	Linz	Controlling in Sozialhilfeeinrichtungen
	Kropfberger	Klagenfurt	Controlling im Non-Profit-Sektor
	Schauer	Linz	Controlling in NPO
	Strehl	Innsbruck	Controlling für Politik und öffentliche Verwaltung
Finanzierung	Theurl	Innsbruck	Staat und Gesundheitswesen
	Gantner	Innsbruck	Krankenanstaltenfinanzierung
	Achatz	Linz	Gemeindefinanzausgleich
	Schmid	Linz	Strategisches Marketingkonzept für soziokulturelle NPO (insb. Fund-Raising, Sponsoring)
	Stepan	Wien TU	Krankenhausfinanzierung in Österreich
Gemeinwirtschaft	Schauer	Linz	Gemeinwirtschaft im Spannungsfeld zwischen betriebswftl. und volkswftl. Effizienz
	Schauer	Linz	Erfolgsbeurteilung bei öffentlichen Unternehmen
	Schauer	Linz	Instrumentalfunktion öffentlicher Verkehrsunternehmen
	Schauer	Linz	Kommunale Dienstleistungen
	Schneider F.	Linz	Gemeinwirtschaft versus Privatwirtschaft (Effizienzvergleich)
	Smekal	Innsbruck	Theorie und Praxis gemeinwirtschaftlicher Unternehmungen
Genossenschaften	Obermann	Wien WU	Interdependenzen zwischen Genossenschaften und der Gesamtwirtschaft
	Rauter	Wien WU	Genossenschaftliches Management
	Rauter	Wien WU	Ideen für Verbraucher
	Schauer	Linz	Beitrag des Controlling zur Führung in Genossenschaften
Gesundheitswesen	Obermann	Wien WU	Arbeitsschwerpunkt Gesundheitsökonomie
	Schauer	Linz	Die "gesunde" Gemeinde
	Stepan	Wien TU	Gesundheitswesen
	Theurl	Innsbruck	Staat und Gesundheitswesen
	Thöni	Innsbruck	Gesundheitsförderung (Gesundheitsförderungsinstitutionen)
Halbstaatliche NPO	Korinek	Wien WU	Recht der wirtschaftlichen und sozialen Selbstverwaltung und der Sozialpartnerschaft
	Schauer	Linz	Unternehmensverbände in Österreich
	Smekal	Innsbruck	Parafiskalische Gebilde (Sozialversicherung, Kammern, Kirchen)
	Welan	Wien Boku	Parteien und Verbände in Österreich
Karitative NPO	Kropfberger	Klagenfurt	Reintegration psychisch Behinderter
	Schauer	Linz	Altenhilfe - im Heim oder daheim?
	Schneider D.	Klagenfurt	Öffentlichkeitsarbeit: Reintegration psychisch Behinderter
Krankenanstalten	Böhnisch/. Schütz	Linz	Zielorientiertes Human Resource Management im Krankenhaus
	Gantner	Innsbruck	Krankenanstaltenfinanzierung
	Kattnigg	Linz	Controlling in Sozialhilfeeinrichtungen
	Stepan	Wien TU	Krankenhausfinanzierung in Österreich
	ÖBIG		Diverse Projekte wie Krankenanstaltenplanung; Evaluation des Pflegeversorgungssystems; Dokumentations- und Informationsdienste usw.
Management	Andeßner	Linz	Management in autonomen Kulturinitiativen
	Horak	Wien WU	Strategisches Management in NPO
	Kattnigg	Linz	Strategisches Management in NPO

Marketing	Kammerlander	Linz	Ortsmanagement und Kommunales Marketing
	Schauer	Linz	Ortsmanagement und Kommunales Marketing
	Schmid	Linz	Strategisches Marketingkonzept für sozio-kulturelle NPO (insb. Fund-Raising, Sponso-ring)
	Schneider D.	Klagenfurt	City-Marketing
	Strehl	Innsbruck	Verwaltungsmarketing
Personalwesen	Böhnisch/. Schütz	Linz	Zielorientiertes Human Resource Management im Krankenhaus
	Strehl	Innsbruck	Personalmanagementkonzept für öffentliche Verwaltungen (Leistungsbeurteilung)
Politische NPO	Mikl-Horke	Wien WU	Soziologie der Gewerkschaften
	Welan	Wien Boku	Parteien und Verbände in Österreich
	Zehetner	Wien TU	Gewerkschaften und Verbände
Privatisierung/	Gantner	Innsbruck	Budgetausgliederung - Fluch(t) oder Segen?
Ausgliederung	Obermann	Wien WU	Budgetäre Auswirkungen von Ausgliede-rungen aus dem öff. Haushalt
	Schauer	Linz	Privatisierung und Deregulierung
	Schneider F.	Linz	Deregulierung und/oder Privatisierung
	Smekal	Innsbruck	Öffentliche Auftragserfüllung außerhalb des Budgets
Rechnungswesen	Horak	Wien WU	Leistungsmessung in NPO
	Kammerlander	Linz	Effizienzanalysen in NPO
	Kofler	Klagenfurt	Musterbetriebskostenrechnung Abwasserentsorgung
	Marik	Linz	Leistungsrechnung in NPO
	Schauer	Linz	Öffentliches Rechnungswesen (Bundesbi-lanz)
	Schauer	Linz	Leistungsfähiges Rechnungswesen in NPO
	Strehl	Innsbruck	Kosten- und Leistungsrechnung für die öffentliche Verwaltung
Schulorganisation	Altrichter	Innsbruck	Schulorganisation
Soziokulturelle	Andeßner	Linz	Management in autonomen Kulturinitiativen
NPO	Hasitschka	Wien KH	Kulturmanagement
	Horak	Wien WU	Sportmanagement
	Horak	Wien WU	Zukunft der evangelischen Kirche in Wien
	Schauer/ Pracher	Linz	Die katholische Kirche aus betriebswirt-schaftlicher Sicht
	Schmid	Linz	Strategisches Marketingkonzept für soziokul-turelle NPO (insb. Fund-Raising, Sponsoring)
	Schneider D.	Klagenfurt	Sport- und Kultursponsoring
	Sertl	Linz	Kulturmanagement
	Thöni	Innsbruck	Sportförderung (Sportförderungsinstitutionen)
Sponsoring	Schmid	Linz	Strategisches Marketingkonzept für soziokul-turelle NPO (insb. Fund-Raising, Sponsoring)
	Schneider D.	Klagenfurt	Sport- und Kultursponsoring
Staatliche NPO	Achatz	Linz	Gemeindefinanzausgleich
	Achatz	Linz	Besteuerung öffentlich-rechtlicher Körper-schaften
	Gantner	Innsbruck	Standortwirkungen punktueller Infrastruktur-einrichtungen
	Gantner	Innsbruck	Universitätsreform aus finanzwissenschaft-licher Sicht
	Gantner	Innsbruck	Finanzwissenschaftliche Analyse des Salzburger Sozialhilfegesetzes
	Kammerlander	Linz	Ortsmanagement und Kommunales Marketing
	Kofler	Klagenfurt	Optimierung im Bereich der Abwasser-entsorgung

	Krott	Wien Boku	Politisches Handeln (Policy-Analyse) der öffentlichen Verwaltung
	Krott	Wien Boku	Beziehungen der Umweltverwaltung zu den Verbänden
	Lumplecker	Linz	Gemeindeverband als interkommunale Kooperation
	Obermann	Wien WU	Öffentliche Fonds in Österreich
	Schauer	Linz	Folgelasten gemeindlicher Investitionen
	Schauer	Linz	Der kommunale Querverbund aus der Sicht von Theorie und Praxis
	Schauer	Linz	EDV-Einsatz in Gemeinden
	Schauer	Linz	Ortsmanagement und Kommunales Marketing
	Schauer	Linz	Die "gesunde" Gemeinde
	Schauer	Linz	Leistungsorientiertes Rechnungswesen für das Verwaltungsmanagement
	Schauer	Linz	Öffentliches Rechnungswesen (Bundesbilanz)
	Schauer	Linz	Kommunale Dienstleistungen
	Schneider D.	Klagenfurt	City-Marketing
	Sporn	Wien WU	Universitätsmanagement
	Strehl	Innsbruck	Personalmanagementkonzept für öffentl. Verw. (Leistungsbeurteilung)
	Strehl	Innsbruck	Verwaltungsmarketing
	Strehl	Innsbruck	Controlling für Politik und öffentliche Verwaltung
	Strehl	Innsbruck	Rolle des In-Service-Trainings für die Organisationsentwicklung in öffentlichen Verwaltungen
	Thöni	Innsbruck	Wirtschaftsförderung (Wirtschaftsförderungsinstitutionen)
Steuern	Achatz	Linz	Besteuerung öffentlich-rechtlicher Körperschaften
Verbandswesen	Kropfberger	Klagenfurt	Strategische Positionierung von Verbänden
	Schauer	Linz	Unternehmensverbände in Österreich
	Schauer	Linz	Informationsmanagement in Verbänden
Wirtschaftliche	Kropfberger	Klagenfurt	Strategische Positionierung von Verbänden
NPO	Schauer	Linz	Unternehmensverbände in Österreich
	Thöni	Innsbruck	Wirtschaftsförderung (Wirtschaftsförderungsinstitutionen)

Abkürzungen:	*Boku*	*Universität für Bodenkultur*
	KH	*Hochschule für Musik und darstellende Kunst*
	TU	*Technische Universität*
	WU	*Wirtschaftsuniversität*

In der Befragung berichteten 8 Universitätslehrer aus den Bereichen Betriebswirtschaftslehre, Volkswirtschaftslehre und Finanzrecht von insgesamt 18 Dissertationen und 47 Diplomarbeiten, die in den letzten Jahren zu NPO-Themen verfaßt wurden.

3. NPO-Lehre

Die Verbindung von Forschung und Lehre eröffnet wesentliche Impulse in beide Richtungen. Speziell auf den NPO-Bereich ausgelegte, interdisziplinär strukturierte Studienrichtungen sind an den österreichischen Universitäten und Kunsthochschulen im allgemeinen nicht eingerichtet. Erwähnenswert ist aber die an der Universität Linz seit 1966 bestehende Studienrichtung "Sozialwirtschaft". Sie hat die besondere Integration von Sozial- und Wirtschaftswissenschaften zum Inhalt, konnte sich aber gegenüber den herkömmlichen Studienrichtungen (wie Betriebswirtschaftslehre, Volkswirtschaftslehre oder Soziologie) eher mäßig durchsetzen und ist nur im Einzugsbereich der Linzer Universität bekannt. Eine Vielzahl von leitenden Positionen in den staatlichen Verwaltungen, in den Kammern und in einigen Verbänden in Oberösterreich ist jedoch mit Absolventen dieser Studienrichtung besetzt.

In den übrigen wirtschaftswissenschaftlichen Studiengängen besteht im zweiten Studienabschnitt die Möglichkeit zur Spezialisierung auf den NPO-Bereich im Rahmen eines Diplomprüfungsfaches (vornehmlich Öffentliche Betriebswirtschaftslehre) bzw. eines Vorprüfungsfaches (Sozialpolitik bzw. Gesellschafts- und Sozialpolitik). Innerhalb der Betriebswirtschaftslehre wird eine solche Spezialisierung ("Besondere Betriebswirtschaftslehre") in Linz, Graz, Innsbruck und Wien angeboten. Dies steht im Einklang mit der Einrichtung fachspezifischer Universitätsinstitute, deren ältestes das Institut für Betriebswirtschaftslehre der gemeinwirtschaftlichen Unternehmen an der Universität Linz (begründet 1970 von Theo *Thiemeyer*, heute unter der Leitung von Reinbert *Schauer*) ist.

Nicht so erfolgreich wie die traditionellen betriebswirtschaftlichen Studiengänge war der 1983 eingerichtete Studienzweig "Öffentliche Wirtschaft und Verwaltung", da er den Anforderungsprofilen des Arbeitsmarktes schon von seiner Struktur her nicht entsprach. Er konnte deshalb von der Mehrzahl der Universitätslehrer den Studierenden nicht empfohlen werden und wurde schließlich 1993 wieder abgeschafft. Die gewünschte betriebswirtschaftliche Vertiefung auf den Öffentlichen

Sektor war im betriebswirtschaftlichen "Vollstudium" mit der schon erwähnten Spezialisierungsmöglichkeit erfolgversprechender und wurde dem von der Praxis gewünschten Generalisten-Wissen eines betriebswirtschaftlich ausgebildeten Absolventen besser gerecht.

Im volkswirtschaftlichen und soziologischen Bereich bestehen zwar keine eigenen NPO-Institute (sieht man von den Instituten für Finanzwissenschaften ab), wohl aber eigenständige Abteilungen, die sich schwerpunktmäßig auch mit NPO-Fragen beschäftigen. So bietet die Abteilung für Sozialpolitik unter der Leitung von Christoph *Badelt* im Institut für Volkswirtschaftstheorie und -politik an der Wirtschaftsuniversität Wien regelmäßig eine Hauptvorlesung aus Sozialpolitik an, in der ein eigener Abschnitt über "Institutional Choice" und die Probleme der Erstellung sozialer Dienstleistungen vorgesehen ist. Darüber hinaus werden periodisch Seminare zum Thema der Nonprofit-Sektor-Forschung veranstaltet. Unter der Trägerschaft der Wissenschaftlichen Landesakademie für Niederösterreich wurde der "Interdisziplinäre Universitätslehrgang für Sozialwirtschaft, Management und Organisation Sozialer Dienste (ISMOS-Lehrgang)" entwickelt, der seit dem Frühjahr 1994 angeboten wird und dem vom Bundesministerium für Wissenschaft und Forschung gemäß § 40 a AHStG (Allg. Hochschul-Studiengesetz) universitärer Charakter verliehen worden ist.

Im Bereich der Rechtswissenschaften sind keine NPO-spezifischen Studiengänge eingerichtet, der Bezug auf die konstitutionellen Rahmenbedingungen von NPOs ist insbesondere im staatlichen und privaten Organisationsrecht jedoch evident.

Gelegentlich werden NPO-Themen in spezifischen Lehrveranstaltungen abgehandelt (z. B. Kunstsoziologie an der Universität Wien, Kulturmanagement an der Hochschule für Musik und darstellende Kunst in Wien). Ein innovativer Ansatz ist im Studiengang "Kunst- und Kulturmanagement" (derzeit noch auf der Ebene eines studium irregulare) sowie in einem ähnlich aufgebauten Universitätslehrgang zu sehen, die eine Verbindung zwischen sozial- und wirtschaftswissenschaftlichen sowie künstlerischen Disziplinen anstreben und beide an der Universität

Linz (unter wesentlicher Beteiligung anderer Universitäten und Kunsthochschulen) eingerichtet sind. Dies bedeutet jedoch nicht, daß diese Studienprogramme im Grundsatz nur auf NPOs ausgerichtet sind, sie umfassen mit gleicher Intensität auch erwerbswirtschaftlich ausgerichtete Organisationen.

Zusammenfassung der Diskussion

Elke LUMPLECKER, Linz
Monika MARIK, Linz
Christian SCHMID, Linz

1. Abgrenzung des NPO-Begriffes

Im Kern drehte sich die Diskussion um die Fragen, ob der Terminus "NPO" nach wie vor zweckmäßig sei, wie eng bzw. wie weit soll der NPO-Begriff ausgelegt werden und wo liegen die Schnittstellen innerhalb der Nonprofit-Organisation (NPO) sowie gegenüber erwerbswirtschaftlichen Organisationen?

Grundsätzlich wurde festgestellt, daß Definitionen weder wahr noch falsch sein können, sondern nur mehr oder weniger tauglich. Auf dieser Basis wurden verschiedene Definitionsversuche unternommen.

Die Frage, ob Non-Profit-Organisationen rein auf private Trägerschaft beschränkt und somit dem "dritten Sektor" zwischen Markt und Staat zurechenbar sind oder ob auch öffentliche NPOs als Gemeinwirtschaften in die NPO-Betrachtungsweise miteinfließen sollen, konnte nicht restlos geklärt werden und brachte unterschiedliche Sichtweisen zutage. Implizit wurde mit diesen Problemstellungen auch die Kontroverse zwischen europäischer und amerikanischer NPO-Sichtweise offenbar.

Als mögliches Abgrenzungskriterium innerhalb der NPOs bzw. erwerbswirtschaftlichen Organisationen wurde die Unterscheidung in vordergründiges Gewinnstreben und begrenztes Gewinnstreben angeführt. Mit der Diskussion um den Aspekt der Gewinnerzielungsabsicht wurde auch der Bereich des Steuerrechts angesprochen. Das österreichische

Steuerrecht sieht in diesem Fall folgendes vor: Um die steuerlichen Begünstigungen im Rahmen der Gemeinnützigkeit nicht zu verlieren, kommt vor allem der Gewinnverwendung große Bedeutung zu. Erwirtschaftete Überschüsse müssen den Trägern der NPOs zufließen und gemäß der Rechtsgrundlage gemeinnützigen, mildtätigen oder kirchlichen Zwecken dienen. Sie dürfen keinesfalls an Mitglieder ausgeschüttet werden bzw. einzelnen Mitgliedern Vorteile verschaffen. Zufallsgewinne führen zu wirtschaftlichen Geschäftsbetrieben (selbständige, nachhaltige Betätigung ohne Gewinnabsicht, ...), während nachhaltig anfallende Gewinne mit der Gemeinnützigkeit nicht vereinbar sind und einen Gewerbebetrieb (selbständig, nachhaltig, Gewinnabsicht, Beteiligung am allgemeinen wirtschaftlichen Verkehr) bzw. einen land- und forstwirtschaftlichen Betrieb begründen. Eine wirtschaftliche Betätigung von NPOs ist demnach zulässig, solange diese in einem angemessenen Verhältnis zur ideellen Zwecksetzung steht. Eine Anleihe an juristische Denkweisen wurde empfohlen.

Weiters wurde angeregt, die geschichtliche Entwicklung der NPOs in die Abgrenzungsversuche miteinzubeziehen. Als weitere mögliche Abgrenzung wurde die NPO-eigene budgetäre Situation bzw. deren Förderbedarf genannt.

Des weiteren bezogen sich die Wortmeldungen auf einzelne, ausgewählte NPOs (Sportvereine, kirchliche Organisationen). Im Gegenzug wurde der Erkenntnisgewinn einer sauber abgegrenzten NPO-Typologie in Frage gestellt.

Aus der Diskussion wurde ersichtlich, daß es gegenwärtig keinen besseren Begriff als die Negativabgrenzung gibt. Des weiteren wurde angeführt, daß auch Begriffe wie "Markt", die zur Abgrenzung dienlich sein sollten, durch Heterogenitäten gekennzeichnet sind.

Zum Teil regte sich Unbehagen über die Vielfalt an vorherrschenden Organisationsformen. Dieses Unbehagen mündete in der Frage, was der Versuch, eine Gesamttypologie für einen derartig umfassenden Bereich herzustellen, bringt. Es wurde auf andere Bereiche in der

Betriebswirtschaftslehre verwiesen, in denen es nicht möglich ist, eine allgemein gültige Theorie für den gesamten Bereich aufzustellen.

Kritische Stimmen meldeten sich zu gegenwärtigen Definitionsversuchen, die ungeprüft Kriterien in ihre Definition aufnehmen, ohne sie auf ihren tatsächlichen Wirklichkeitsbezug zu überprüfen. Speziell die versteckte Gewinnerzielung kann mit dem Begriff NPO nicht in Einklang gebracht werden. Dieser Argumentation wurde zugestimmt, sofern sich NPO-Forscher nicht mit spezifischen Problemen, insbesondere den strukturellen Eigenheiten von NPOs auseinandersetzen.

Einigkeit bestand weiters darüber, daß alle NPOs eine Vielzahl an Gemeinsamkeiten besitzen, die bislang noch nicht erkannt wurden. NPO-Management befindet sich zur Zeit in einer Situation, die ein umfassendes Blickfeld nicht zuläßt. Typen und Klassen von NPOs sollten subsumiert werden, um gemeinsame Probleme erkennen und lösen zu können.

Aus schweizerischer Sicht wurde betont, daß die gesamte NPO-Palette für den einzelnen nicht überschaubar ist, im Blickpunkt der Betrachtung stehen zudem hauptsächlich mitgliederorientierte NPO. Vereine, Verbände, Stiftungen und Genossenschaften wären demnach eindeutig dem NPO-Bereich zurechenbar.

Eine weitere Wortmeldung betraf die zentrale Bedeutung einer der Forschung zugrundeliegenden Theorie. Einerseits kommt die moderne liberale Theorie in Frage, die das Verhalten von Individuen und Organisationen behandelt, und andererseits kann auch die alte klassische Wirtschafts-Theorie Basis für die Forschung sein. Diese geht nicht von den Individuen aus, sondern betrachtet die Gesellschaft als Ganzes, die mehr ist als die Summe ihrer Teile. Es gilt dabei herauszufinden, welche Stellungen die einzelnen Institutionen in der Gesellschaft innehaben. Dieser Ansatz wurde grundsätzlich befürwortet, es wurde jedoch das Problem aufgeworfen, daß man über eine Klassifikation nicht hinauskommt, wenn man auf einer derartig hohen Ebene ansetzt.

2. Problemfelder

In weiterer Folge wurde im Rahmen der Diskussion die verstärkte *Zusammenarbeit zwischen Wissenschaft und Praxis* angesprochen. Von seiten der Praktiker wurde betont, daß die theoretische Fundierung für den NPO-Bereich zur Zeit noch nicht ausreichend ist. Um jedoch eine neue Unabhängigkeit für diesen Sektor gewinnen zu können, ist eine verstärkte Forschung unverzichtbar. Seitens der Wissenschafter wurde das Forschungspotential ebenfalls als sehr groß angesehen, da es sich hier um den bislang am wenigsten durchrationalisierten Wirtschaftsbereich handelt. Hier wurde jedoch das Problem angesprochen, daß in vielen Organisationen der Begriff Rationalisierung mit Einsparen gleichgesetzt wird, wodurch die Praktiker der Theorie zum Teil ablehnend gegenüberstehen.

Es gilt nun in Zukunft, vor allem die *Berührungsängste*, die zwischen Wissenschaft und Praxis bestehen, zu beseitigen, um eine rasche Entwicklung einer NPO-adäquaten Theorie zu ermöglichen. Die Forschung muß jedoch danach trachten, sich an den aktuellen Problemen des NPO-Bereiches, wie beispielsweise Mitglieder- und Milizerschwund oder externer und interner Kontrolle, zu orientieren und berücksichtigen, daß verschiedene NPOs oftmals kritisch reagieren, wenn sie alle in einen gemeinsamen Topf geworfen werden.

Eine deutliche Erweiterung im Bereich der Forschung kann insofern erhofft werden, als Betriebswirte zunehmend den NPO-Bereich als Forschungsgegenstand entdecken. Zudem gibt es eine Reihe von Forschungsarbeiten, die sich zwar auf Nonprofit-Organisationen beziehen, aber nicht explizit unter einem NPO-Titel firmieren.

Der Aussage, daß "Kompetenz von außen" (von Wissenschaftern) gebraucht wird, um Veränderungen bewirken zu können, wurde seitens der Wissenschafter entgegengehalten, daß die *Lernbereitschaft* in NPOs nach wie vor sehr gering ist und daß bisher kein Gesinnungswandel festzustellen ist. Schulungen wie für Führungskräfte im Profit-Bereich wären eine gute Alternative zu "Beamtenschulungen".

Der *Führung und Rekrutierung von Arbeitskräften* sollte in Zukunft überhaupt mehr Bedeutung beigemessen werden. Die Mitarbeiter sollten zunehmend als "Kunden" behandelt werden. Das Anbieten von interessanten Aufgabengebieten muß die Gegenleistung für die Tätigkeit in der Organisation darstellen, denn nur so kann ein ausgewogenes Verhältnis der Anreize und Beiträge gewährleistet werden. Auch die Suche nach Mitarbeitern müßte von diesem Gedanken geprägt sein. Bisher spielten NPOs ihre Potentiale viel zu wenig auf dem Arbeitsmarkt - beim Kampf um die klügsten Köpfe - aus. Eine Professionalisierung in diesem Bereich scheint jedoch geboten, als NPOs einen bedeutenden Markt für Akademiker darstellen. Auf die Problematik, daß in NPOs ein "anderer Typ Mensch" arbeitet, kann mit einer segmentspezifischen Bearbeitung des Arbeitsmarktes reagiert werden.

Hinsichtlich der ungelösten *Identitätsfrage* von NPOs kamen sehr unterschiedliche Ansichten zum Vorschein. Praktiker verwiesen darauf, daß die Identitätsfrage von der Forschung beachtet werden müsse und daß diese einen wesentlichen Beitrag zur Lösung des Problems liefern könne. Wissenschafter hingegen sehen in der fehlenden Identität kein Problem für die Forschung, durch die Forschung wird vielmehr ein Selbstfindungsprozeß initiiert.

Auch der Bereich des *Marketing* wurde eingehend diskutiert. Die Organisationen müssen sich bewußt sein, daß sie in einem Markt agieren, der auch meist durch Konkurrenzverhältnisse geprägt wird. Es wurde die Frage gestellt, ob es sich bei Marketing nicht einfach um einen Etikettenschwindel handelt. Dieser Frage wurde entgegengehalten, daß oftmals eine Reihe von Aktivitäten (z. B. Rundschreiben) als "Marketing" bezeichnet werden, die diese Bezeichnung nicht verdienen. Marketing soll vor allem helfen, strategische Defizite zu vermindern und die Ausrichtung des Verhaltens an einem ganzheitlichen Konzept, welches für die Organisation von großer Bedeutung ist, zu gewährleisten. Überdies ist bei der Anwendung eines Marketingkonzeptes zu beachten, daß jede Organisation für sich selbst definieren muß, was Marketing für sie eigentlich bedeutet und wie weit damit gegangen werden soll. Ein weiterer Punkt, der in diesem Bereich noch angesprochen wurde, ist die Bedeutung des Marketing für die Personalpolitik und für die Mitgliederpolitik.

Als Beispiel für einen erfolgreichen Einsatz von Marketing in NPOs wurde der Zahnärztebereich genannt. Langjähriges NPO-Marketing hat dazu geführt, daß die Kinder in der Schweiz europaweit die gesündesten Zähne haben. Auch auf die Volkswirtschaft hat diese Tatsache positive Auswirkungen.

Die *Ehrenamtlichkeit*, welche eine wichtige Rolle bei NPOs spielt, war ein weiteres, wichtiges Problemfeld in der Diskussion. Nonprofit-Organisationen wird des öfteren Dilettantismus in der Führung vorgeworfen. Dies rührt hauptsächlich daher, daß Ehrenamtliche vor allem Sachwissen in die Organisation einbringen, im Wissen um das Management jedoch Defizite bestehen. Durch einen zunehmenden Milizerschwund wird es für NPOs immer schwieriger, geeignete ehrenamtlich Tätige zu finden. Dies wird auch damit begründet, daß die Führungsaufgaben in der NPO sehr zeitintensiv sind und die Bereitschaft, ohne Bezahlung Aufgaben zu erfüllen, sinkt. Die Folge für NPOs daraus ist, daß die Aufgaben, die in der Regel von Ehrenamtlichen übernommen werden, entsprechend attraktiv "verkauft" werden müssen.

Auch die Teilnahme der NPOs auf Märkten bzw. der Faktor *Wettbewerb und Wettbewerbsfähigkeit* wurden angesprochen. Gegenwärtige Tendenzen im NPO-Bereich gehen eindeutig in die Richtung einer Förderung der Vereinzelung, was eine Schwächung des Mitglieder-Marktes zu Lasten des Nichtmitglieder-Marktes zur Folge hat. Es darf nicht vergessen werden, daß der Leistungsauftrag nach wie vor das oberste Prinzip darstellt. In weiterer Folge sind die NPO-eigenen Strukturen nicht unmittelbar für Wettbewerbsaspekte geeignet. Zwei Tendenzen machen sich hier sehr deutlich bemerkbar. Zum einen sind die Management-Aufgaben in NPOs zunehmend komplexer und vielfältiger als in erwerbswirtschaftlichen Organisationen geworden (vor allem in grundsätzlichen Belangen des Rechnungswesens und der Organisation liegen die größten Mängel), zum anderen haben die internen Aufbau- und Ablaufstrukturen diesen dynamischen Wandel nicht im gleichen Ausmaß vollzogen.

In Zukunft muß auch verstärkt auf die *Kontrolle* von NPOs bedacht genommen werden. NPOs sind ein wichtiger Faktor für eine Volkswirtschaft eines Landes. Da sie viele Aufgaben und Bereiche übernehmen, die ansonsten dem Staat übertragen würden, helfen sie damit, die budgetäre Situation zu entlasten. Allerdings wird aufgrund des fehlenden Gewinnstrebens oft sehr sorglos gehandelt bzw. die Gemeinnützigkeit der NPOs wird für unwirtschaftliches Handeln mißbraucht. Wichtig ist die Schaffung von Bewußtsein bezüglich Effizienz und Effektivität. Durch geeignete Kontrolleinrichtungen - sowohl intern als auch extern - kann unangemessen hoher Verwaltungsaufwand vermindert werden.

So wurde beispielsweise vorgeschlagen, die Kontrollaktivitäten des österreichischen Rechnungshofes (als externe Kontrolleinrichtung) auf den Tätigkeitsbereich jener privater NPOs auszudehnen, die überwiegend mit öffentlichen Geldern wirtschaften. Wichtig ist es aber vor allem, interne Steuerungsmechanismen in Gang zu setzen (Controlling, Leistungs-, Finanz- und Erfolgsplanung), um die vorhandenen Ressourcen ökonomisch verwalten zu können.

3. Resümee

Positiv zu bemerken war, daß allgemein ein *wachsendes Interesse im NPO-Bereich* von wissenschaftlicher Seite her festgestellt worden ist. Es wird viel geforscht, wenn auch nicht immer unter dem Denkmantel der NPO. Es ist aber der Trend dahingehend festzustellen, daß man sich gerne zur NPO-Forschung bekennt. NPO-Forschung ist im Gegensatz zu früher attraktiver geworden. Auch eine steigende Anzahl an qualifizierter Literatur zeugt von dieser Tendenz. Vieles ist bereits erreicht worden - Schwarzmalerei wurde abgelehnt -, es gibt jedoch noch vieles zu tun.

Das NPO-Colloquium hat Wissenschaftern aus verschiedenen Disziplinen und Ländern die Möglichkeit gegeben, sich kennenzulernen,

Erfahrungen auszutauschen und auch Vorurteile gegenüber anderen Sichtweisen der NPO-Forschung abzubauen. Die Wichtigkeit, Schnittstellen zwischen den Disziplinen zu erkennen und diese auch zu nutzen, wurde betont. Vor allem die Abgrenzung der NPOs gab Anlaß zu vielen Diskussionen. Die Tatsache, daß keine endgültige Definition gefunden wurde, soll nicht verunsichern, sondern eine Chance für einen zukünftigen konstruktiven Dialog zwischen den Teilnehmern darstellen.

Forschung hat nichts Endgültiges, es werden immer neue Thesen erstellt. Wichtig dabei ist, daß die Wissenschafter von den Erkenntnissen anderer wissen und profitieren. Es muß also überlegt werden, wie in Zukunft interdisziplinär miteinander kommuniziert werden kann. Für den NPO-Bereich bieten sich dafür verschiedene Möglichkeiten an:

⇨ Zeitschriften (z.B. Zeitschrift für öffentliche und gemeinwirtschaftliche Unternehmen, Verbands-Management, Voluntas, Die Betriebswirtschaft)

⇨ weitere Tagungen

⇨ Infoblätter mit Informationen über Veranstaltungen und Publikationen für die Teilnehmer des Colloquiums und für Interessierte (z.B. zwei Mal pro Jahr)

⇨ E-Mail-Kommunikation (Internet).

Um zudem den NPO-Bereich auch bei Professorenkollegen aus anderen Fachgebieten bekannter zu machen, wurde der Vorschlag unterbreitet, im Rahmen von Universitätssitzungen bei gegebenem Anlaß über besondere Ereignisse, wie dieses NPO-Colloquium, zu berichten.

Vor allem das Zusammentreffen der NPO-Forscher in regelmäßigen Abständen wurde als sehr sinnvoll erachtet, da hier die Möglichkeit eines unmittelbaren Gedankenaustausches besteht. Der Forschungsbedarf im NPO-Bereich ist gegeben, und es werden auch in Zukunft noch viele interessante Fragestellungen diskutiert werden.